LEXIQUE ANALOGIQUE

Édition entièrement revue et enrichie

Jacques Dubé

Photo

Steven Hunt
La Banque d'Images du Canada

Steven Hunt
The Image Bank Canada

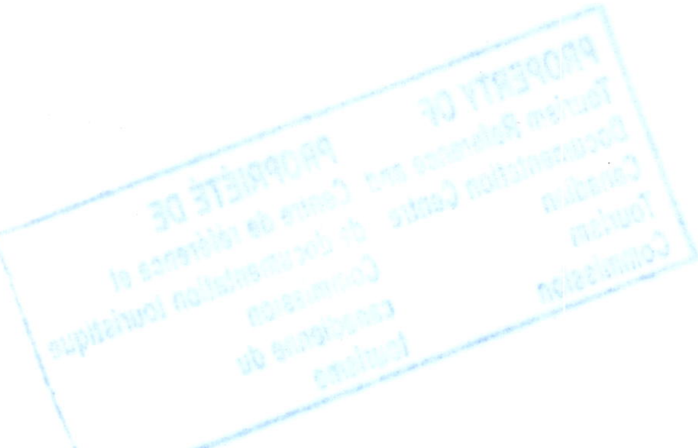

En vente au Canada chez

votre libraire local

ou par la poste, par l'entremise du

Groupe Communication Canada -
  Édition
Ottawa (Canada) K1A 0S9

N° de catalogue S53-22/1997
ISBN 0-660-60255-5

Available in Canada through

your local bookseller

or by mail from

Canada Communication Group -
  Publishing
Ottawa, Canada K1A 0S9

Catalogue No. S53-22/1997
ISBN 0-660-60255-5

Données de catalogage avant publication (Canada)

Dubé, Jacques, 1950-

Lexique analogique

«Édition entièrement revue et enrichie»
Comprend du texte en anglais.
Publ. antérieurement : Secrétariat d'État du Canada, c1989.
Comprend des références bibliographiques.
ISBN 0-660-60255-5
N° de cat. S53-22/1997

1. Gestion — Dictionnaires.
2. Français (Langue) — Dictionnaires anglais.
3. Gestion — Dictionnaires anglais. 4. Anglais (Langue) — Dictionnaires français. I. Canada. Bureau de la traduction. II. Titre.

HD30.15D82 1997   350.0003
C97-980177-XF

Canadian Cataloguing in Publication Data

Dubé, Jacques, 1950-

Lexique analogique

Rev. ed.
Includes text in English
Prev. publ.: Dept. of the Secretary of State of Canada, c1989.
Includes bibliographical references.
ISBN 0-660-60255-5
Cat. no. S53-22/1997

1. Management — Dictionaries.
2. English language — Dictionaries — French.
3. Management — Dictionaries — French. 4. French language — Dictionaires — English.
I. Canada. Translation Bureau. II. Title.

HD30.15D82 1997   350.0003
C97-980177-XE

TABLE DES MATIÈRES

AVANT-PROPOS

Huit ans déjà se sont écoulés depuis la parution du premier *Lexique analogique*. L'accueil très favorable que lui a réservé le milieu de la traduction, entre autres, et les témoignages reçus de partout au Canada et même de l'étranger nous ont convaincus que l'auteur n'avait pas fait fausse route en voulant diffuser parmi les langagiers un outil de cette nature.

Le succès du *Lexique analogique* tient sans doute à deux raisons : d'une part les termes analysés sont d'usage courant et difficiles à traduire, d'autre part la « disposition des matières » — pour emprunter l'expression de Pascal — stimule la production d'idées et met l'utilisateur sur la piste du mot juste, à défaut de le lui fournir sur-le-champ.

Car avant de viser juste, de trouver la bonne nuance ou la bonne couleur parmi la panoplie des possibilités du langage, on doit souvent vérifier dans plusieurs ouvrages de référence les différentes facettes de notions — même courantes — qui échappent à la mémoire immédiate. Dans un contexte de ressources limitées, les impératifs d'optimisation rendent cette tâche de plus en plus difficile, voire impossible, de sorte qu'un livre comme celui-ci trouve naturellement sa place auprès des communicateurs de l'administration fédérale ou autres.

FOREWORD

The first edition of the *Lexique analogique* was published eight years ago. The enthusiastic response of translators in particular, and the positive comments received from across Canada, and even from abroad, convinced us that its author was justified in preparing this work tool for all language professionals.

The success of the *Lexique analogique* can be attributed to two factors: the terms it analyses are commonly used and challenging to translate; and the arrangement of the subject matter — to paraphrase Pascal — triggers a host of ideas and leads users to the right word when it is not provided immediately.

Selecting the right term and finding the precise shade of meaning and colour is not an easy task, given the wide range of possible equivalents to choose from; often, before doing so, several reference works must be consulted in order to verify the different conceptual nuances that are overlooked, even in the case of commonly used terms. This task is becoming more and more difficult, indeed impossible, because of the pressing need to make the best possible use of the limited resources at our disposal. Thus, this publication will gain recognition as an essential reference work for communicators both within the federal government and elsewhere.

Le *Lexique analogique* fait partie des outils linguistiques et terminologiques du Bureau de la traduction de Travaux publics et Services gouvernementaux Canada. Parmi ces outils, on compte TERMIUM®, la banque de données linguistiques du gouvernement canadien, les vocabulaires et lexiques bilingues publiés dans la collection des Bulletins de terminologie, le trimestriel *L'Actualité terminologique*, ainsi que les guides de rédaction en français et en anglais.

L'auteur du présent ouvrage, qui comptera bientôt vingt-cinq ans d'expérience au Bureau de la traduction du gouvernement fédéral, connaît bien les difficultés rencontrées sur le tas par les traducteurs et les rédacteurs. Outre qu'il a dirigé pendant plus d'une décennie le service de traduction de l'Agence canadienne de développement international (ACDI), il a coordonné plusieurs projets d'envergure, notamment la traduction et la révision de rapports de comités parlementaires sur des questions d'intérêt national. Il a aussi produit d'autres lexiques, dont un lexique bilingue sur l'euthanasie en 1995.

Que vous ayez à rédiger ou à traduire une note, un rapport, un discours ou toute autre communication dans l'une ou l'autre langue officielle, il y a fort à parier que ce livre vous sera d'un précieux secours. Je ne doute pas non plus qu'il

The *Lexique analogique* is one of the many linguistic and terminology tools produced by the Translation Bureau of Public Works and Government Services Canada; these tools include TERMIUM®, the linguistic data bank of the Government of Canada, the bilingual vocabularies and glossaries of the Terminology Bulletin Series, the quarterly *Terminology Update*, as well as the English and French style manuals.

The author of this publication, who will soon be completing twenty-five years with the federal government's Translation Bureau, is very familiar with the problems that translators, writers and editors encounter in the course of their work. A former chief of the translation service at the Canadian International Development Agency (CIDA) for more than a decade, he also co-ordinated a number of major projects, including the translation and revision of parliamentary committee reports on matters of national interest. In addition, he has produced other glossaries, one of which is a bilingual glossary on euthanasia, prepared in 1995.

This new edition of the *Lexique analogique* will certainly prove to be an invaluable aid for all those required to write or translate memos, reports, speeches or any other document in either of the official languages. I am confident that it

obtiendra parmi les langagiers
une aussi large audience que
son prédécesseur.

will reach as wide an audience
among language professionals as
its earlier version.

La présidente-directrice générale
(Bureau de la traduction),

Diana Monnet

Chief Executive Officer
(Translation Bureau)

INTRODUCTION À L'ÉDITION DE 1997
ET REMERCIEMENTS

C'est en grande partie pour combler des lacunes mnémoniques personnelles que j'ai établi le *Lexique analogique*, dont je me suis abondamment servi dans toutes sortes de contextes au fil des ans. Satisfait au départ, je n'ai pas tardé à y relever de multiples lacunes, en particulier quant à l'ordre — ou au désordre — des équivalents proposés. Ce constat est sans doute imputable au recul, mais aussi au fait qu'ayant élaboré le premier document en dehors de mon activité professionnelle normale, je ne disposais à l'époque ni du temps ni de la tranquillité d'esprit voulus pour systématiser et approfondir ma démarche.

Ces dernières années, les lacunes en question m'ont paru encore plus évidentes et j'ai acquis la conviction qu'une véritable refonte était devenue nécessaire. Sans compter que des termes importants s'étaient déplacés vers l'avant-scène depuis 1989 et que des solutions neuves s'étaient imposées pour des termes retenus à l'origine. À la fin de 1995, mes voeux ont été exaucés et je me suis vu accorder du temps pour réaliser ce projet.

L'optique qui a présidé à la refonte s'accorde avec l'orientation initiale : d'une part l'analyse de difficultés courantes, d'expressions en vogue et de mots passe-partout en anglais, d'autre part l'établissement de listes d'équivalents pouvant être parcourues rapidement et susceptibles de favoriser une écriture à la fois souple et précise en français. Il s'agit dans mon esprit d'une sorte de recherche appliquée visant à faciliter le travail des traducteurs et rédacteurs professionnels, mais dont peuvent aussi tirer parti tous ceux qui écrivent ou traduisent à l'occasion.

Sur le plan des détails et de la forme, j'ai apporté plusieurs changements, expliqués ci-après dans la section **STRUCTURE**. Entre autres, j'ai accordé beaucoup d'attention à l'arrangement des équivalents, croyant que, même pour un ouvrage de cette nature, il importe de garder à l'esprit le point de vue de Pascal selon lequel «[...] les mêmes mots forment d'autres pensées par leur différente disposition [...] et les sens diversement rangés font différents effets» (Pascal, *Pensées*, Préface générale (l'ordre)).

Une cinquantaine de nouvelles entrées ont été ajoutées au présent document — dont on trouvera la liste sous **TERMES NOUVEAUX**. Il va de soi qu'un certain arbitraire a présidé à leur choix, mais le degré de difficulté, la «popularité» ainsi que la richesse et la complexité des notions ont constitué des critères importants.

Parmi les termes retenus au départ, j'ai constaté que plusieurs étaient maintenant traités de façon exhaustive dans TERMIUM®, la banque de données linguistiques du gouvernement du Canada, ou diverses sources facilement accessibles, tandis que d'autres s'avéraient trop spécialisés ou trop rares pour un ouvrage comme celui-ci, de sorte que j'ai fait quelques suppressions pour rehausser la cohérence générale et réduire au minimum les doubles emplois (elles sont indiquées au paragraphe 5 du **SOMMAIRE DES MODIFICATIONS**). Dans le même ordre d'idées, j'ai éliminé de nombreuses «sous-entrées» à **policy, non-** et **self-**, certes parce que le délai imparti limitait les possibilités d'analyse, mais également afin de privilégier des notions aux équivalents multiples pouvant servir de synonymes en français.

D'autres suppressions ou ajustements auraient peut-être été indiqués, mais j'ai aussi voulu conserver le cachet du premier document qu'une épuration trop stricte aurait édulcoré; en outre, devant l'alternative de multiplier les interventions formelles pour des résultats somme toute insignifiants ou de pousser plus loin l'analyse comme telle, j'ai choisi cette dernière option.

Tant pour la première édition que pour celle-ci, divers termes et solutions m'ont été recommandés par des collègues traducteurs; je leur témoigne ici ma reconnaissance. Je réitère mes remerciements à tous ceux qui m'ont appuyé lors de la première édition et je remercie également de façon particulière, en ce qui a trait à la présente refonte : mes collègues anglophones, Élizabeth Cowan, Carol Edgar et Patricia Galbraith, pour leurs nombreux conseils utiles; Frèdelin Leroux, pour ses précieux avis et son approche enthousiaste des problèmes linguistiques et traductionnels; Alain Beaudoin, pour son infatigable lutte contre la traduction servile, pour m'avoir si souvent servi de guide dans les méandres de la langue juridique et, dans le cas présent, pour sa contribution à l'élaboration de la fiche «jurisdiction»; Denise Langlois, pour la relecture critique des pages liminaires; Denis Gauvin et Louise Picard, pour plusieurs solutions nouvelles aux termes déjà analysés; Moïse Khadour, pour m'avoir fourni une imprimante de qualité qui a facilité la mise en page à la source; Nicole Vilandré, pour avoir aimablement mis à ma disposition plusieurs ouvrages de référence indispensables; et Gilles Martel, pour m'avoir obtenu rapidement la version la plus récente de *TERMIUM® sur CD-ROM*.

Je tiens en outre à exprimer ma gratitude à l'ex-directeur de la Traduction parlementaire et de l'Interprétation pour le Bureau de la traduction, M. Alphonse Morissette, qui a accepté de me détacher du court terme afin que je puisse me consacrer entièrement à cette refonte; un tel appui était essentiel à la concrétisation de l'entreprise.

On m'a posé plusieurs fois la question : qu'est-ce qu'un lexique «analogique» ? pourquoi «analogique» ? Réponse : parce que l'analogie y tient un grand rôle. Dans le sens courant, le *Grand Robert* la définit comme une «ressemblance établie par l'imagination [...] entre deux ou plusieurs objets de pensée essentiellement différents»; d'après le *Trésor de la langue française*, l'analogie est un «rapport de ressemblance, d'identité partielle entre des réalités différentes préalablement soumises à comparaison [...]».

Dans la partie <u>lexique</u>, les renvois analogiques en caractères gras permettent de passer du terme consulté à un autre, dont le sens ou l'un des sens a un rapport de ressemblance avec le premier et qui, à la limite, aurait pu tout aussi bien être choisi par le rédacteur anglophone pour exprimer son idée; toujours dans la partie <u>lexique</u>, les «blocs» de mots ou d'expressions — principale nouveauté de la présente édition — constituent d'autres groupements à caractère analogique. Par ailleurs, les entrées figurant dans l'<u>index anglais</u> renvoient à des termes analogues du <u>lexique</u> dont les équivalents peuvent, selon le contexte, rendre adéquatement l'idée à exprimer. Quant à l'<u>index français</u>, il fait voir des liens analogiques à partir de mots ou d'expressions en français qui figurent en différents endroits du <u>lexique.</u> (On trouvera dans la partie **STRUCTURE** une explication détaillée de ces trois éléments constitutifs de l'ouvrage.)

Dans tout le document, la forme masculine est utilisée sans aucune discrimination, uniquement pour alléger la présentation et faciliter la consultation.

Enfin, bien qu'il ait fait l'objet d'une démarche beaucoup plus rigoureuse que son prédécesseur, le nouveau *Lexique analogique* n'est ni exhaustif ni limitatif; il y aurait eu beaucoup d'autres termes à traiter, et l'outil refondu comporte fatalement des points faibles. Puisse-t-il néanmoins rendre de fréquents services.

J. Dubé

SOMMAIRE DES MODIFICATIONS

1) Les termes du premier *Lexique analogique* retenus pour la présente édition ont été révisés en profondeur et une cinquantaine de nouveaux termes ont été ajoutés.

2) Dans les listes d'équivalents de la partie <u>lexique</u>, des «blocs» de mots ou d'expressions correspondent à différents sens, nuances ou formes grammaticales.

3) Dans la partie <u>lexique</u>, des définitions figurent souvent en anglais, entre crochets, après la vedette; cela signifie que l'auteur a laissé de côté d'autres sens du terme et limité sa recherche aux définitions en question.

4) À la fin de l'ouvrage, une petite annexe porte sur quelques «zeugmes» anglais qui peuvent donner du fil à retordre aux traducteurs.

5) Un certain nombre d'entrées de la première édition ont été supprimées : **have one's cake and eat it too, line, obviate, people-oriented, roll-up, search conference, specifications, staff** et **think tank**.

6) Dans les index, les renvois sont classés par ordre alphabétique.

7) Dans la partie <u>lexique</u>, les renvois analogiques en caractères gras sont classés par ordre alphabétique.

8) Les termes **appropriate, inappropriate** et **decrease, increase** ne sont plus répétés en regard de la notion *contraire* dans la partie <u>lexique</u>.

9) Il n'y a plus de citations.

10) Les exemples en anglais dans la partie <u>lexique</u> (**engineering design, lack of jurisdiction**, etc.) figurent maintenant dans l'<u>index anglais</u>.

STRUCTURE

L'INDEX FRANÇAIS

Considérations générales

Englobant près de 5 000 entrées qui correspondent essentiellement aux équivalents de la partie lexique, cet index peut servir de dictionnaire de synonymes pour le langagier bilingue qui écrit en français. Par exemple, un traducteur cherche des façons variées d'exprimer l'idée de *fournir* en français : il consulte ce terme dans l'index, qui le renvoie à **delivery, including, input, maintain, provide** et **support** dans la partie lexique, où il trouvera une abondante moisson de mots et d'expressions apparentés. Pour l'idée d'*équilibre*, sept voies distinctes lui sont proposées, c.-à-d. **appropriate, control, gender-, level playing field, match, offset** et **trade-off**, qui présentent chacune un éclairage particulier de la notion. Il choisit donc, suivant les renvois en anglais, le «thème» qui a le plus de pertinence dans son contexte.

C'est toujours *l'idée de [qqch.]* qui prime, de sorte qu'un terme de l'index français ne se retrouve pas nécessairement tel quel dans une liste où l'on renvoie l'utilisateur. Par exemple, pour **interdire**, l'index renvoie à **deterrent** et à **disincentive** parce qu'on trouve à ces entrées non pas le mot en question, mais des équivalents pouvant traduire certains aspects de la *notion* d'interdire. À l'inverse, un mot figurant dans une liste d'équivalents de la partie lexique ne sera pas nécessairement repris dans l'index (voir ci-dessous le paragraphe 3 concernant le droit de cité).

Lorsqu'une liste de termes et d'expressions contraires est présentée en regard de la liste principale dans la partie lexique, l'index n'indique que le terme principal (**indisponible** renvoie à **available**, **flou** renvoie à **focus**, etc.). Même chose pour les «sous-entrées», c.-à-d. les mots ou expressions qui *relèvent* d'autres termes, comme **leadership, to gain (gather) momentum** ou **to have a hidden (secret) agenda** : l'index ne renvoie alors qu'au terme principal (en l'occurrence **leader, momentum** et **agenda**). Les expressions traitées à **policy, non-** et **self-**, inscrites au long dans les renvois, constituent une exception à cette règle.

Il n'y a aucune mise en garde dans l'index, même dans les cas où un terme est suivi d'un point d'interrogation dans la partie lexique (v. l'explication du point d'interrogation sous **SIGNES**). En tant que répertoire de «synonymes», l'index n'est pas le lieu d'un jugement et il doit au contraire aider à trouver des solutions de rechange à des mots ou expressions plus ou moins critiqués en français (p. ex., **background, challenge, pattern,** ou **via**).

Éléments particuliers

1) <u>Le classement</u>

Le système de base pour le classement des entrées est l'ordre
alphabétique absolu. Toutefois, on atteint vite les limites d'un tel
système lorsqu'on veut classer des expressions à plus d'un endroit et
qu'on doit par conséquent les inverser en utilisant les parenthèses.
L'auteur s'est donc fixé les règles suivantes pour les besoins de
l'uniformité : le classement s'effectue comme si les parenthèses, les
apostrophes, les traits d'union et les espaces entre les mots n'existaient
pas; toutes choses égales par ailleurs, le moins précède le plus, c'est-à-
dire que 1) la lettre sans accent prévaut sur la lettre avec accent, et 2)
l'absence d'espace prévaut sur l'espace. Voici quelques exemples
représentatifs :

AVANT (METTRE EN ___)
AVANTAGE
AVANT-GARDE

DÉTAIL (DE ___)
DE TAILLE
DÉTAILLÉ

ÉLEVÉ
ÉLÈVE

ENJEU
EN JEU

MARCHE
MARCHE (METTRE EN
___)
MARCHÉ
MARCHÉ (SUR LE ___)
MARCHE À SUIVRE

PRISE EN MAIN
PERSONNELLE
PRISES (ÊTRE AUX ___
AVEC)
PRISE SUR

RECHERCHE
RECHERCHÉ
RECHERCHE DE CLIENTS
RECHERCHE D'IDÉES

TENU (ÊTRE ___ DE)
TÉNU
TENUE

Par ailleurs, les renvois aux termes anglais sont maintenant énumérés
par ordre alphabétique, ce qui peut être utile dans le cas des mots
«lourds» qui entrent dans de nombreuses listes de la partie <u>lexique</u>
(**action** (13 renvois), **base** (11), **plan** (13), **pouvoir** (12),
responsabilité (14), etc.).

2) <u>L'économie d'espace</u>

La nature analytique de l'index (p. ex., il y a des entrées distinctes
pour **facteur** tout court, **facteur décisif, facteur de production,
facteur d'incitation, facteur dissuasif** ainsi que **facteur en jeu**) et le
fait que, pour un repérage rapide, bon nombre d'expressions et de

locutions y figurent deux fois (selon le premier mot et selon le mot principal) impliquait une multiplication des entrées, que l'auteur a tout de même cherché à réduire au minimum par différents moyens.

Entre autres, les notions sont regroupées sous un verbe ou une locution verbale, un substantif ou, plus rarement, un adjectif. Ainsi, au lieu d'une entrée distincte pour **mettre en vigueur : v. enforcement, operate** et d'une autre pour **mise en vigueur : v. implementation**, l'index ne mentionne que l'expression verbale **mettre en vigueur**, qui renvoie aux trois termes anglais. Par conséquent, on fera bien de vérifier les dérivés d'un mot (p. ex., aller voir **diriger** si on ne trouve pas le mot **direction**) avant de conclure que la notion ne figure pas dans l'index.

Lorsqu'il a fallu arrêter un choix à cet égard, la priorité a été donnée au verbe sur le substantif, au substantif sur l'adjectif et à l'adjectif sur l'adverbe. Toutefois, cela n'a pas toujours été possible et il arrive qu'une série de renvois soient classés sous un substantif au lieu d'un verbe, notamment si les équivalents de la partie <u>lexique</u> sont tous ou presque tous des substantifs; pour la même raison, quelques renvois sont classés sous l'adjectif au lieu du substantif. Parfois enfin, pour des raisons sémantiques le choix s'est avéré pratiquement impossible, et on trouve des renvois à la fois sous le substantif et sous le verbe (p. ex., **entretien/entretenir** et **réplique/répliquer**), ou sous le substantif et l'adjectif (p. ex., **subsistance/subsistant**).

3) <u>Le droit de cité</u>

Pour qu'un terme français ait son entrée dans l'index, il faut qu'au moins un «synonyme» de ce terme figure dans la liste d'équivalents de la partie <u>lexique</u> où l'on renvoie l'utilisateur.

4) <u>Les mots pluriels</u>

Les mots sont inscrits au pluriel dans l'index s'ils figurent uniquement au pluriel dans une ou plusieurs listes d'équivalents de la partie <u>lexique</u> (p. ex., **divergents : v. competing**); ils sont inscrits au singulier s'ils figurent au singulier dans au moins une liste d'équivalents.

LA PARTIE <u>LEXIQUE</u> (ANGLAIS-FRANÇAIS)

Au moment d'arrêter son choix sur une traduction proposée dans cette partie, l'utilisateur voudra bien se rappeler la formule consacrée : les solutions acceptables ne sont pas forcément interchangeables. Cela s'applique en particulier aux listes à caractère très général (**account of (on ___), appropriate, increase**, etc.), où les équivalents français, au lieu de traduire strictement le mot ou l'expression en rubrique, expriment plutôt de multiples nuances susceptibles d'y être associées.

Pour les termes à caractère technique ou juridique, on aura toujours intérêt à vérifier dans un ou plusieurs ouvrages spécialisés le sens exact des équivalents français.

Par ailleurs, même lorsqu'il est très étendu, l'éventail des équivalents proposés (p. ex., à **challenge** et à **develop**) ne couvre pas nécessairement toutes les possibilités. Dans le même ordre d'idées, les exemples en anglais dérivés du terme en rubrique ne sont fournis qu'à titre indicatif et n'ont aucun caractère limitatif.

À l'intérieur des listes, le classement ne respecte pas l'ordre alphabétique, mais les équivalents n'y sont pas pour autant jetés au hasard. Généralement répartis en verbes, substantifs, adjectifs, etc., ils sont aussi groupés, à l'intérieur de ces catégories, en blocs de mots ou d'expressions — séparés par une ligne vierge — qui correspondent à différents sens, nuances ou formes grammaticales (forme active, forme passive; construction directe, construction indirecte, forme pronominale; sujet nom de personne, sujet nom de chose; etc.). Cela a parfois rendu nécessaire la répétition de termes d'un bloc à l'autre (p. ex., **action** et **actionner** à l'entrée **action, approche** à **approach, formel** à **formal**), sauf cependant dans les listes à caractère très général (**decrease, dispose of,** etc.) où de telles répétitions auraient entraîné une surcharge inutile.

Les définitions des dictionnaires ne permettant pas toujours de tracer une démarcation nette entre les sens des termes analysés, l'intuition et l'imagination ont joué un rôle dans l'établissement de certains blocs, tout comme dans la répartition des renvois d'un bloc à l'autre. Il demeure qu'en regardant les premiers mots d'un bloc, on a la plupart du temps une idée assez juste du sens examiné à l'intérieur de celui-ci; tant mieux s'il comporte en plus un ou des renvois en caractères gras, car la signification apparaît encore plus clairement. Pour plusieurs termes à caractère très général, toutefois, il n'a pas été possible de répartir les renvois entre les blocs, de sorte qu'ils sont regroupés au bas des colonnes ou à la fin des listes (v. p. ex. **appropriate, basis (on the ___ of)** et **increase**).

Dans les cas où l'auteur a limité son champ d'analyse à certaines acceptions, les sens retenus sont indiqués sous forme de définitions entre crochets, après la vedette. Bien que l'ordre des blocs suive habituellement celui des sens ainsi définis, il n'y a pas de groupement strict en fonction des définitions (p. ex., au moyen de renvois numérotés), d'une part pour ne pas entraver la lecture rapide des équivalents, d'autre part à cause de l'arbitraire de ce genre de cloisonnement. Il convient aussi de noter que la limitation du champ d'analyse a entraîné la suppression de certains équivalents proposés dans la première édition, lesquels ne correspondaient plus aux définitions retenues.

L'INDEX ANGLAIS

On y trouve environ 3 000 entrées qui ont des rapports de ressemblance avec les quelque 250 entrées et sous-entrées de la partie lexique. Cet index peut donc, dans une modeste mesure, servir de mini-dictionnaire de synonymes en anglais : si l'on y consulte par exemple le mot **manage**, on constate qu'il renvoie à **action, care, control, deal with, dispose of, -driven, governance, leader** et **operate**.

Mais il peut aussi et surtout seconder le traducteur traduisant de l'anglais au français, car il permet d'embrasser d'un coup d'oeil les divers endroits de la partie lexique où se niche peut-être la solution à son problème. Par exemple, le mot **imply**, sans faire l'objet d'un traitement distinct dans la partie lexique, renvoie néanmoins aux entrées **account of, affect, follow-up, involve, reflect, response, result in, say** et **suggest;** l'utilisateur peut alors se diriger vers l'entrée ou les entrées qui correspondent le mieux à son contexte.

L'auteur s'est fait demander pourquoi certains mots qui donnent souvent du fil à retordre aux traducteurs, comme **address**, n'avaient pas leur propre entrée dans la partie lexique. La réponse se trouve dans l'index anglais. Si l'on y consulte ce terme particulier, on constate qu'il renvoie à **concern, deal with, involve** et **regarding**, et, dans une multitude de contextes, les équivalents fournis à ces quatre renvois, notamment à **deal with**, rendent tout aussi bien les sens usuels de **address**.

Les entrées de la partie lexique sont inscrites en caractères gras dans l'index, tout comme les sous-entrées. Les exemples anglais donnés dans la partie lexique (**advocacy group, background material, engineering design**, etc.) figurent aussi dans cet index, mais en caractères ordinaires.

TERMES NOUVEAUX

AGENDA
APPARENT
AS RECENTLY (LATE) AS
AVAILABLE
AWARE
BOTTOM LINE
CARE
CASE (STRONG __)
COMMUNITY
COMPETING ...
COMPLY WITH
CORE
DEDICATION
DESIGN
DISPOSE OF
DOCUMENTED
-DRIVEN
DUPLICATION
EDITOR
EMERGING
EMPOWER
ENSURE
ENVIRONMENTALLY
   FRIENDLY
EQUITY
EXPOSURE

FINALIZE
FORUM
GOODWILL
GOVERNANCE
HOPEFUL (-LY)
IF ANY
IF ANYTHING
IF NECESSARY
IGNORE
INITIATE
INSTRUMENTAL
IRONIC (-ALLY)
JURISDICTION
LEVEL PLAYING FIELD
LEVERAGE
MAINTAIN
MATCH
MEANINGFUL
MEANINGLESS
MOMENTUM
OPEN-ENDED
OPPORTUNITY
POLITY
RELATE TO
SCARCE
UNAVAILABLE

PRINCIPALES SOURCES CONSULTÉES

Bailly, René. *Dictionnaire des synonymes de la langue française*. Paris, Larousse, 1946.

Bénac, Henri. *Dictionnaire des synonymes*. Paris, Hachette, 1956.

Blois, C. Grégoire de. *Nouveau dictionnaire de la correspondance*. Marcel Broquet éditeur.

Buisseret, Irène de. *Deux langues, six idiomes*. Ottawa, Carlton-Green, 1975.

Caput, J. et J.-P. Caput. *Dictionnaire des verbes français*. Paris, Larousse, 1969.

Carbonneau, Hector. *Vocabulaire général*. Ottawa, Information Canada, 1973 (Bulletin de terminologie 147).

Collins Cobuild English Dictionary. London, HarperCollins Publishers, 1995.

Colpron, Gilles. *Le Colpron; nouveau dictionnaire des anglicismes*. Chomedey, Laval, Beauchemin, 1994.

Daviault, Pierre. *Langage et traduction*. Ottawa, Information Canada, 1962.

Delas, Daniel et Danièle Delas-Demon. *Dictionnaire des idées par les mots*. Paris, Robert, 1984.

Delisle, Jean. *La traduction raisonnée*. Ottawa, Presses de l'Université d'Ottawa, 1993.

Dictionnaire économique et juridique (français-anglais et anglais-français). Paris, Navarre, 1989.

Dictionnaire Hachette-Oxford français-anglais, anglais-français. Paris, Hachette, 1994.

Dictionnaire historique de la langue française. Paris, Robert, 1994.

Dion, Gérard. *Dictionnaire canadien des relations de travail*. Québec, Presses de l'Université Laval, 1986.

Duhaime, Jeanne. *L'Actualité terminologique*, vol. 29, 3, p. 12 (*Puis, les années ont passé...*). Ottawa, Bureau de la traduction, 1996.

Dupré, P. *Encyclopédie du bon français dans l'usage contemporain.* Paris, Trévise, 1972.

Gage Canadian Dictionary. Toronto, Gage, 1983.

Grand Dictionnaire encyclopédique. Paris, Larousse, 1982.

Grand Dictionnaire français-anglais, anglais-français. Paris, Larousse, 1993.

Grand Larousse de la langue française. Paris, Larousse, 1971.

Grand Robert de la langue française. Paris, Robert, 1988.

Hanse, Joseph. *Nouveau dictionnaire des difficultés du français moderne.* Paris, Duculot, 1983.

Harrap's New Standard French-English Dictionary. Londres, Harrap, 1980.

Jéraute, Jules. *Dictionnaire juridique (français-anglais et anglais-français).* Paris, Villers-Côté, 1990.

Koessler, Maxime. *Les Faux amis.* Paris, Vuibert, 1975.

Lehouillier, Richard. *Lexique CIFE — Commerce, Industrie, Finances, Économie.* Ottawa, Service de traduction Affaires extérieures et Commerce extérieur, 1991.

Lexique des lois et des règlements de l'Ontario. Ottawa, Presses de l'Université d'Ottawa, 1989.

Lexique général anglais-français des Nations Unies. New York, Nations Unies, 1991.

Lexique législatif de droit pénal/Criminal Law Legislation Lexicon. Ottawa, Centre de traduction et de documentation juridiques, 1995.

Lexis — Dictionnaire de la langue française. Paris, Larousse, 1979.

Ménard, Louis. *Dictionnaire de la comptabilité et de la gestion financière.* Montréal, Institut canadien des comptables agréés, 1994.

Nouveau Petit Robert. Paris, Robert, 1993.

Random House Dictionary of the English Language — Second Edition, Unabridged. New York, Random House Inc., 1987.

Reid, Hubert. *Dictionnaire de droit québécois et canadien.* Montréal, Wilson & Lafleur, 1994.

Rey, Alain et Sophie Chantreau. *Dictionnaire des expressions et locutions figurées*. Paris, Robert, 1984.

Robert & Collins du management. Paris, Robert, 1992.

Robert & Collins Senior. Paris, Robert, 1993.

Robert & Collins Super Senior anglais-français, français-anglais. Paris, Robert, 1995.

Roget, Peter Mark. *Roget's International Thesaurus*. New York, HarperCollins, 1992.

Rouaix, Paul. *Dictionnaire des idées suggérées par les mots*. Paris, Armand Colin, 1974 (collection U).

TERMIUM®; la banque de données linguistiques du gouvernement du Canada.

Thésaurus Larousse. Paris, Larousse, 1991.

Trésor de la langue française. Paris, Centre national de la recherche scientifique, 1971.

Vocabulaire baromètre dans le langage économique. Genève, Librairie de l'Université, 1967.

Vocabulaire juridique, publié sous la direction de Gérard Cornu. Paris, PUF, 1987.

Webster's New World Dictionary — Third College Edition. New York, Webster's New World Dictionaries, 1988.

Webster's Third New International Dictionary — Unabridged. Springfield (Massachusetts), Merriam-Webster Dictionaries, 1971.

World Bank Glossary/Glossaire de la Banque mondiale. Washington, Banque mondiale, 1986.

SIGNES

___	Dans les parenthèses et les crochets, remplace le terme qui précède les parenthèses ou les crochets.
...	Remplacent un mot ou une suite de mots quelconque; indiquent un emploi adjectival lorsqu'ils suivent un terme en vedette.
+	Avec; ainsi que.
→	Voir.
☞	Suite à la page suivante.
;	De façon générale, sert d'élément de séparation (p. ex., à l'intérieur des crochets et des parenthèses, sépare des exemples, définitions ou solutions de rechange; dans l'annexe, sépare les solutions proposées ainsi que les renvois).
[ ]	Utilisés pour les exemples et les brèves indications en français; leur contenu figure alors en italique. Ils contiennent également, à la suite d'un équivalent français, un exemple en anglais dérivé du terme en rubrique — dans ce cas, leur contenu n'est pas en italique. Voir le paragraphe d'explication des parenthèses.
( )	Contiennent soit une ou des solutions de rechange à ce qui précède, soit un ou des éléments pouvant être ajoutés ou omis selon le contexte. Contrairement aux indications en italique dans les crochets, qui tiennent de l'explication, le contenu des parenthèses fait partie intégrante des solutions examinées; les parenthèses servent également à préciser l'expression dans laquelle s'insère le mot qui précède. Voir le paragraphe d'explication des crochets.
(?)	Signale un emploi critiqué, un terme rare au Canada, un équivalent français d'origine douteuse, ou encore un équivalent qu'on peut utiliser parfois, dans un contexte particulier ou spécialisé, mais non de façon générale. Bref, une zone grise entoure le terme suivi d'un point d'interrogation, mais cette solution peut malgré tout s'avérer la bonne dans certains contextes.

ABRÉVIATIONS

adj.	adjectif		n. f.	nom féminin
appos.	apposition		n. m.	nom masculin
assur.	assurances		n°	numéro
c.-à-d.	c'est-à-dire		p.	page
cf.	comparez		par.	paragraphe
compt.	comptabilité		péj.	péjoratif
contr.	contraire		pers.	personne
ex.	exemple (ou exemple<u>s</u>)		p. ex.	par exemple
indic.	indicatif		qqch.	quelque chose
inf.	infinitif		qqn	quelqu'un
inform.	informatique		subj.	subjonctif
journal.	journalisme		subst.	substantif
jur.	juridique		télécomm.	télécommunications
mil.	militaire		v.	voir

INDEX FRANÇAIS

A

À : v. basis, -driven
ABAISSER : v. decrease
ABATTRE : v. affect, clearance
ABONDANT : v. comprehensive
ABONDANT (PEU ___) :
   v. scarce
ABONDER DANS LE SENS
   DE : v. endorse
ABONNEMENT : v. membership
ABORDER : v. deal with
ABORDS : v. approach
À BOUT (VENIR ___ DE) :
   v. deal with
ABOUTIR (FAIRE ___) :
   v. promote
ABOUTIR À : v. account of,
   result in
ABRÉGÉ : v. brief
ABSOLU : v. emphasis, full-
   scale
ABSORBER : v. involve, offset
ABSTRACTION (FAIRE ___
   DE) : v. ignore
ABSTRAIT : v. academic
ABUSIF : v. inappropriate
ACADÉMIQUE : v. academic,
   formal
ACCÉDER À : v. comply with
ACCÉLÉRER : v. increase,
   momentum, urge
ACCENTUER : v. develop,
   emphasis, focus, increase,
   momentum
ACCEPTABLE : v. appropriate
ACCEPTER : v. clearance,
   comply with, endorse,
   support
ACCÈS : v. approach, front-end
ACCÈS RESTREINT (D'___) :
   v. sensitive
ACCESSIBLE : v. apparent,
   articulate, available
ACCESSOIRE : v. minor,
   non-essential
ACCLIMATATION : v. brief
ACCOMMODEMENT :
   v. trade-off

ACCOMMODER (S'___ À) :
   v. comply with
ACCOMPAGNER : v. care,
   follow-up
ACCOMPLIR : v. comply with,
   implementation, operate
ACCOMPLIR (S'___) : v. self-
   realization
ACCORD : v. pool
ACCORD (ÊTRE D'___) :
   v. clearance, endorse,
   support
ACCORD (EN ___ AVEC) :
   v. comply with, consistently
ACCORDER : v. clearance,
   match, provide, say, support
ACCROCHER À : v. relate to
ACCROCHEUR : v. aggressive
ACCROÎTRE : v. develop,
   extension, increase,
   increment, leverage, upgrade
ACCUEILLANT : v. responsive
ACCUEILLIR : v. front-end,
   response
ACCUSER : v. reflect
ACHALANDAGE : v. goodwill
À CHARGE : v. depend on
ACHEMINER : v. channel,
   delivery
À CHEVAL SUR : v. formal
ACHEVER : v. finalize
À COEUR : v. care, commitment
À CONDITION QUE :
   v. provide
À COURT (ÊTRE ___ DE) :
   v. scarce
ACQUIESCER : v. clearance,
   comply with
ACQUIS : v. assumption,
   background
ACQUIS À : v. commitment
ACQUIT : v. clearance
ACQUITTER (S'___ DE) :
   v. comply with, deal with,
   implementation
À CRÉDIT : v. leverage
ACTE : v. action, certificate,
   documented
ACTES (TRADUIRE EN ___) :
   v. implementation

AMBIANCE : v. background,
    environment
AMBIGUÏTÉ (SANS ___) :
    v. case
AMBITIEUX : v. aggressive,
    challenge, hopeful
AMBULANT : v. field
ÂME : v. driving force
ÂME (JUSQU'AU FOND DE
    L'___) : v. core
AMÉLIORER : v. develop,
    upgrade
À MÊME DE : v. empower
AMÉNAGEMENT : v. design,
    develop, facilities, pattern,
    scheme
AMENER : v. account of,
    promote, result in
AMENUISER : v. decrease
AMIABLE (À L'___) :
    v. informal
AMICAL : v. goodwill, informal
AMITIÉ : v. goodwill
AMOINDRIR : v. affect,
    decrease
AMORCER : v. account of,
    approach, front-end, initiate
AMORTIR : v. decrease, offset
AMOUR DE : v. dedication
AMPLEMENT : v. case
AMPLEUR : v. scope
AMPLEUR (PRENDRE DE
    L'___) : v. develop,
    momentum
AMPLIATION : v. duplication
AMPLIFIER : v. develop,
    increase, leverage,
    momentum
AMPOULÉ : v. formal
AN (BON ___ MAL AN) :
    v. consistently
ANALOGUE : v. counterpart,
    match
ANALYSE : v. appraisal,
    rationale, screening
ANALYSE (EN DERNIÈRE
    ___) : v. bottom line
ANCIEN : v. senior
ANCIENNETÉ (MOINS
    D'___) : v. junior

ANCIENNETÉ (PLUS D'___) :
    v. senior
ANCRÉ : v. built-in
ANGLE : v. approach
ANIMER : v. driving force,
    focus, leader, promote,
    sponsor, urge
ANNEXE : v. extension,
    schedule
ANNONCER : v. display, say,
    sponsor
ANNOTATEUR : v. editor
ANNULER : v. clearance,
    lapsing, offset
ANORMAL : v. inappropriate
ANTAGONISTES : v. competing
ANTÉCÉDENTS :
    v. background, track record
ANTICIPER : v. preempt
ANTINOMIQUES : v. competing
À NU : v. exposure
ANXIÉTÉ : v. concern
À PEINE : v. scarce
APERCEVOIR (S'___ DE) :
    v. aware
APERÇU : v. brief, overview
À PIC : v. timely
À PLEIN : v. full-scale
À POINT NOMMÉ : v. timely
APOSTILLER : v. endorse
APÔTRE : v. advocacy
À POURVOIR : v. available
APPARAÎTRE : v. apparent,
    emerging, exposure
APPARAÎTRE (FAIRE ___) :
    v. reflect
APPARAT (D'___) : v. formal
APPAREIL : v. extension,
    system
APPAREIL (HOMME D'___) :
    v. clout
APPAREILLAGE : v. system
APPAREILLER : v. match
APPARENT : v. apparent, likely
APPARENTÉ (ÊTRE ___ À) :
    v. relate to
APPARIER : v. match
APPARTENIR À :
    v. membership, relate to
APPÂT : v. incentive

APPAUVRIR : v. affect,
decrease
APPEL (FAIRE ___ À) :
v. -oriented, refer to
APPEL (SANS ___) : v. bottom
line
APPELER : v. account of,
challenge, involve, refer to
APPENDICE : v. schedule
APPESANTIR (S'___ SUR) :
v. emphasis
APPLICABLE : v. appropriate
APPLICATION : v. basis,
comply with, dedication,
enforcement, engineering,
implementation, operate,
purpose, scope
APPLICATION (CHAMP
D'___) : v. jurisdiction
APPLIQUÉ : v. dedication
APPLIQUER (S'___ (À)) :
commitment, concentrate on,
dedication, including,
operate, refer to
APPOINT : v. backup,
counterpart, support
APPORT : increment, input,
support
APPORT DE FONDS : v. equity
(___ financing)
APPORTER : v. account of,
input, provide, result in
APPORT PERSONNEL :
v. self-help
APPOSER SA SIGNATURE :
v. endorse
APPRÉCIABLE : v. major,
meaningful
APPRÉCIER : v. appraisal, care,
relate to
APPRÉHENSION : v. concern
APPRENTI : v. junior
APPROCHE : v. approach,
framework
APPROFONDI :
v. comprehensive, full-scale
APPROFONDIR : v. develop
APPROPRIÉ : v. appropriate
APPROPRIER (S'___) :
v. preempt

APPROUVER : v. clearance,
endorse, support
APPROXIMATIF : v. tentative
APPUYER : v. advocacy,
backup, care, documented,
emphasis, endorse,
enforcement, goodwill,
input, promote, sponsor,
support
APPUYER (S'___ SUR) :
v. account of, basis, depend
on
APRÈS : v. follow-up
APRÈS (D'___) : v. basis, say
À ... PRÈS : v. within
APRÈS TOUT : v. bottom line
À-PROPOS : v. appropriate,
opportunity, timely
À PROPOS DE : v. regarding
APTITUDE AU
COMMANDEMENT :
v. leader
APTITUDES CRÉATRICES :
v. entrepreneurship
ARBITRE : v. officials
ARCHÉTYPE : v. type
ARCHITECTE DE LA
POLITIQUE : v. policy
maker
ARCHITECTURE : v. system
ARDEUR : v. commitment,
dedication, gumption
ARDU : v. challenge
À REBOURS : v. backlash
ARÈNE : v. forum
ARGENT (DONNER DE L'___
À) : v. sponsor
ARGUMENTS : v. case
ARMATURE : v. framework,
pattern
ARMES ÉGALES (À ___) :
v. arm's length, level playing
field
ARRANGEMENT : v. display,
pattern, scheme, system
ARRÊT (SANS ___) :
v. consistently, non-stop
ARRÊTER : v. control, deterrent,
finalize, provide
ARRIÉRÉ : v. outstanding

BRUIT (FAIRE DU ___) :
v. high profile
BRUIT (NE PAS FAIRE DE
___) : v. low profile
BRÛLER (UN ARRÊT; UN FEU
ROUGE) : v. ignore
BRUMEUX : v. focus
BRUYANT : v. high profile
BULLETIN : v. certificate,
progress report, schedule
BUREAU : v. facilities, officers,
pool
BUREAUX (AVOIR DES ___) :
v. operate
BUT : v. agenda, challenge,
design, -oriented, policy,
purpose, result in

C

CABALE : v. scheme
CACHÉ : v. agenda, built-in
CADET : v. junior
CADRE : v. background, basis,
blueprint, environment,
format, forum, framework,
officers, pattern, scheme,
scope
CADRE (DANS LE ___ DE) :
v. purpose, within
CADRER AVEC :
v. consistently, match
CADUC (DEVENIR ___) :
v. lapsing
CAHIER DE
DOCUMENTATION :
v. brief, kit
CAHIER DES CHARGES :
v. schedule
CAISSE (HORS ___) :
v. non-cash
CALCUL : v. appraisal, design,
policy
CALCULÉ (RISQUE ___) :
v. brinksmanship policy
CALENDRIER : v. agenda,
schedule
CALIBRE : v. pattern
CALMER : v. control, decrease

CAMPAGNE : v. advocacy,
canvassing, community,
exercise
CAMPAGNE (DE ___) : v. field
CANALISER : v. channel,
control
CANDIDAT : v. hopeful
CANEVAS : v. blueprint, design,
framework, pattern
CAP : v. focus
CAP (À FRANCHIR) :
v. challenge
CAP (CHANGEMENT DE ___) :
v. policy change
CAPABLE : v. appropriate,
empower
CAPACITÉ : v. scope
CAPACITÉ (À PLEINE ___) :
v. full-scale
CAPITAL : v. instrumental,
major
CAPITALISTE : v. corporate
CAPITAUX : v. equity
CAPTER : v. develop, monitor
CAPTIF DE : v. -driven
CAR : v. account of
CARACTÈRE : v. -oriented,
pattern
CARACTÉRISER : v. identify
CARACTÉRISTIQUES :
v. pattern
CARCASSE : v. framework
CARENCE : v. scarce
CAROTTE : v. incentive
CARREFOUR : v. focus, forum
CARRIÈRE : v. track record
CARTE BLANCHE :
v. empower
CARTEL : v. pool
CAS (EN TOUT ___) : v. bottom
line, however
CAS (FAIRE ___ DE) :
v. emphasis
CAS (LE ___ ÉCHÉANT) : v. if
any, if necessary
CAS (NE FAIRE AUCUN ___
DE) : v. ignore
CAS PAR CAS : v. ad hoc,
case-by-case
CATALYSEUR : v. account of,
driving force, leader

CATÉGORIE : v. pattern, type
CATÉGORIQUE : v. emphasis,
    formal
CAUSE : v. account of,
    advocacy, basis, case,
    rationale, result in
CAUSE (EN ___) : v. challenge,
    concern, issue
CAUSE (EN TOUT ÉTAT DE
    ___) : v. however
CAUSE FINALE : v. purpose
CAUTIONNER : v. sponsor,
    support
CÉDER : v. delivery, dispose of
CÉDER (NE LE ___ EN RIEN
    À) : v. match
CÉDER À : v. comply with
CELA DIT : v. however
CELA ÉTANT : v. basis
CELLULE : v. component
CENTRE : v. core, corporate,
    facilities, focus, forum, pool
CENTRE D'ATTENTION
    (D'INTÉRÊT) :
    v. concentrate on, emphasis,
    focus, high profile
CENTRE DE DÉCISION :
    v. policy-making body
CENTRER SUR : v. concentrate
    on, focus, -oriented
CEPENDANT : v. however
CERCLE VICIEUX : v. pattern
CÉRÉMONIE : v. exercise,
    formal
CÉRÉMONIE (SANS ___) :
    v. informal
CÉRÉMONIEUX : v. formal
CERNER : v. identify
CERTAIN : v. ensure
CERTES, ..., MAIS ... :
    v. however
CERTIFICAT : v. certificate,
    clearance
CERTITUDE : v. commitment
CESSE (SANS ___) :
    v. consistently, non-stop
CESSION : v. delivery
CHAÎNE : v. channel, pattern,
    system
CHALEUREUSE (SOCIÉTÉ
    ___) : v. care

CHALLENGE : v. challenge
CHAMBRANLE : v. framework
CHAMP : v. background, field,
    jurisdiction, scope
CHAMPION : v. advocacy
CHANCE : v. hopeful,
    opportunity
CHANCES (IL Y A DES ___
    QUE) : v. likely
CHANGEMENT (DE CAP) :
    v. policy change
CHANGER : v. affect, develop
CHANTIER : v. field,
    implementation
CHAPEAUTER : v. control
CHAPITRE (AU ___ DE) :
    v. regarding
CHAQUE : v. case-by-case
CHARGE : v. care, commitment
CHARGE (À ___) : v. depend
    on, maintain
CHARGE (PRENDRE EN ___) :
    v. care, empower, maintain
CHARGE (SE PRENDRE EN
    ___) : v. empower,
    self-reliance
CHARGER (SE ___ DE) :
    v. care, deal with
CHARGES : v. commitment,
    schedule
CHARITÉ (DE ___) :
    v. community
CHARME (DE ___) :
    v. goodwill
CHARPENTE : v. design,
    format, framework
CHASSE : v. clearance
CHASSER : v. dispose of
CHÂSSIS : v. framework
CHATOUILLEUX : v. sensitive
CHAUD : v. sensitive
CHEF : v. leader
CHEF (EN ___) : v. senior
CHEF DES INFORMATIONS :
    v. editor
CHEMIN : v. approach
CHEMIN (MONTRER LE ___) :
    v. leader
CHEMINEMENT : v. pattern
CHERCHER À : v. commitment,
    concern

COMBATTRE : v. challenge,
control, level playing field,
offset
COMBINAISON : v. package,
pattern, scheme
COMBINE : v. scheme
COMBINÉ : v. comprehensive
COMBLE (DE FOND EN ___) :
v. comprehensive
COMITÉ (EN PETIT ___) :
v. informal
COMITÉ DIRECTEUR :
v. officers
COMMANDER : v. control,
depend on, -driven, leader,
operate
COMMANDITER : v. sponsor
COMME (QUOI) : v. account of
COMME IL FAUT :
v. appropriate
COMMENCER : v. initiate
COMMENT (LE POURQUOI ET
LE ___) : v. rationale
COMMENTAIRE : v. feedback,
input
COMMENTAIRES (QUI SE
PASSE DE ___) :
v. self-evident
COMMENTATEUR : v. editor
COMME PRÉVU : v. schedule
COMMERCER AVEC : v. deal
with
COMMERCIAL : v. arm's
length, corporate,
non-concessional
COMMERCIAL (FONDS ___) :
v. goodwill
COMME SUITE À : v. refer to,
response
COMMETTANTS :
v. constituency
COMMISSAIRE : v. officials
COMMODE : v. appropriate
COMMODITÉS : v. facilities
COMMUN : v. community,
consistently, corporate, joint
venture, partnership, pool
COMMUN (HORS DU ___) :
v. outstanding
COMMUN (TRONC ___) :
v. core

COMMUNAL : v. community
COMMUNAUTÉ :
v. community, grass-roots
COMMUNICATEUR :
v. articulate
COMMUNIQUER : v. available,
brief, contact, delivery,
feedback, provide, relate to,
say
COMPAGNIE : v. corporate,
system
COMPARAISON (EN ___ DE) :
v. basis
COMPARER : v. match
COMPASSÉ : v. academic,
formal
COMPATIBLE : v. consistently,
match
COMPATIR : v. care, concern,
sensitive
COMPENSER : v. clearance,
counterpart, however, match,
offset, trade-off
COMPÉTENCE : v. appropriate,
authority, concern, empower,
jurisdiction, scope,
sophisticated, track record
COMPÉTITION (EN ___) :
v. competing
COMPLAISANCE : v. comply
with
COMPLÉMENT : v. follow-up,
match
COMPLET : v. appropriate,
comprehensive, full-scale
COMPLÉTER : v. finalize,
follow-up
COMPLEXE : v. sophisticated,
system
COMPLIQUÉ : v. sophisticated
COMPLOT : v. scheme
COMPORTEMENT : v. pattern
COMPORTER : v. including,
involve, provide
COMPORTER (SE ___ AVEC) :
v. relate to
COMPOSANTE : v. component
COMPOSER AVEC : v. deal
with
COMPOSITION : v. design,
format, membership, pattern

D

DÉLÉGATION DE POUVOIR :
v. authority, empower
DÉLIBÉRANT :
v. policy-making body
DÉLIBÉRATION (METTRE EN
___) : v. deal with
DÉLICAT : v. challenge,
sensitive, sophisticated
DÉLIMITER : v. identify, scope
DÉLIVRER : v. delivery,
provide
DEMANDER (SE ___ SI) :
v. concern
DEMANDER INSTAMMENT :
v. urge
DEMANDER QQCH. POUR
QQN : v. canvassing
DEMANDES : v. agenda
DÉMARCHAGE : v. canvassing
DÉMARCHE : v. action,
approach, canvassing,
develop, exercise, pattern,
procedure, system
DÉMARRER : v. develop,
front-end, initiate,
momentum
DE MÊME QUE : v. addition
DÉMENTIR : v. challenge
DEMEURANT (AU ___) :
v. addition, bottom line
DEMEURE (MISE EN ___) :
v. challenge
DÉMOBILISATEUR :
v. disincentive
DÉMOLITION : v. clearance
DÉMONTRER : v. case,
documented
DÉMORALISATEUR :
v. disincentive
DÉMOTIVER : v. deterrent,
disincentive
DÉNOMBRER : v. canvassing
DÉNONCIATION : v. exposure
DÉNOTER : v. reflect, suggest
D'ENSEMBLE : v. community,
comprehensive, corporate,
overview
DÉNUÉ DE FORMALITÉ :
v. informal
DÉNUÉ DE SENS :
v. meaningful

D'ENVERGURE :
v. comprehensive, full-scale,
high profile, major
DE PAR : v. account of
DÉPART : v. account of,
background, backlash, basis,
built-in, clearance, depend
on, feedback, front-end,
involve, reflect, result in
DÉPART (BON ___) :
v. momentum
DÉPASSER (SE ___) :
v. challenge
DÉPENDRE DE : v. account of,
depend on, involve, relate to
DÉPENSE : v. input
DÉPERDITION : v. decrease
DÉPISTER : v. identify,
screening
DÉPLACÉ : v. inappropriate
DE PLAIN-PIED AVEC :
v. arm's length
DÉPLOIEMENT (À GRAND
___) : v. high profile
DÉPLORABLE : v. inappropriate
DE PLUS : v. addition
DE POIDS : v. clout, major
DE POINTE : v. emerging,
sophisticated
DÉPOSER : v. initiate
DÉPOUILLÉ : v. low profile
DÉPOUILLER : v. canvassing
DÉPOURVU DE SENS :
v. meaningful
DÉPRÉCIATION : v. decrease
DE PRINCIPE : v. tentative
DÉRAISONNABLE :
v. inappropriate
DÉRANGÉ (ÊTRE ___ PAR) :
v. affect
DE RÉFÉRENCE : v. authority
DÉRIVER DE : v. account of
DERNIER : v. bottom line,
develop
DERNIÈRE ANALYSE (EN
___) : v. bottom line
DERNIÈRE ÉTAPE : v. finalize
DERNIÈREMENT : v. as
recently as
DERNIÈRE MINUTE : v. ad hoc

DISTANCE (TENIR À ___) :
v. arm's length
DISTANCES (CONSERVER
SES ___) : v. arm's length
DISTINCT : v. articulate,
gender-
DISTINCTION (DE GRANDE
___) : v. outstanding
DISTINGUÉ : v. sophisticated
DISTINGUER : v. identify
DISTRIBUER : v. available,
channel, delivery, pattern,
provide
DIVERGENTS : v. competing
DIVERSITÉ : v. competing
DIVISION : v. component
DIVULGATION : v. exposure
DOCILITÉ : v. comply with
DOCTRINE : v. policy
DOCUMENT : v. certificate,
documented
DOCUMENTATION :
v. background, brief, kit,
package
DOCUMENT
D'ORIENTATION :
v. policy paper
DOCUMENTÉ : v. documented
DOCUMENT HABILITANT :
v. authority
DOIGT (METTRE LE ___
SUR) : v. identify
DOMAINE : v. field,
jurisdiction, regarding, scope
DOMICILE (VENTE À ___) :
v. canvassing
DOMINANT : v. major,
outstanding
DOMINANTE : v. emphasis,
-oriented
DOMINATION : v. authority
DOMINER : v. control, leader
DOMMAGEABLE À :
v. inappropriate
DOMPTER : v. control
DON (FAIRE UN ___ À) :
v. support
DONATEUR : v. sponsor
DONC : v. account of
DON DE LA PAROLE :
v. articulate

DONNE : v. environment
DONNÉ (À UN MOMENT
___) : v. eventually
DONNÉES À TRAITER :
v. input
DONNÉES DE BASE :
v. background
DONNER : v. provide, result in,
sponsor
DONNER (SE ___ À) :
v. dedication, involve
DONNER À PENSER :
v. suggest
DONNER LE TON : v. leader
DONNER LIEU À : v. account
of, involve, result in
DONNER NAISSANCE À :
v. account of
DONNER SUITE À : v. action,
deal with, follow-up,
implementation
DONT : v. including
DONT IL S'AGIT : v. concern
D'ORDINAIRE : v. consistently
DOS (AU ___ DE) : v. endorse
DOSAGE : v. trade-off
DOSSIER : v. agenda,
background, blueprint, brief,
case, concern, issue, kit,
package, track record
DOTER DE : v. input, provide
D'OÙ : v. account of, result in
DOUBLE : v. backup,
counterpart, duplication
DOUBLE EMPLOI :
v. duplication
DOUBLER : v. duplication,
match
DOUBLONNER : v. duplication
DOUCEUR : v. care
DOUTE : v. concern
DOUTE (METTRE EN ___) :
v. challenge, issue
DOUTE (QUI NE FAIT AUCUN
___) : v. self-evident
DOUTE (SANS ___) : v. likely
DOUTER DE : v. challenge,
concern
DRAINER : v. channel
DRESSER : v. progress report

EFFACÉ : v. low profile
EFFACER : v. clearance, offset
EFFECTIF : v. enforcement,
    implementation, meaningful,
    membership
EFFECTUER : v. action, operate
EFFET : v. account of, action,
    affect, backlash, certificate,
    implementation, leverage,
    momentum, operate, output,
    response, result in
EFFET (À L'___ DE) :
    v. purpose
EFFET (EN ___) : v. account of
EFFETS : v. kit
EFFICACE : v. appropriate
EFFORT : v. commitment,
    concentrate on, dedication
EFFORT PERSONNEL :
    v. self-help
EFFRITEMENT : v. decrease
ÉGAL (D'ÉGAL À ___) :
    v. arm's length
ÉGAL (SANS ___) :
    v. outstanding
ÉGALEMENT : v. addition
ÉGALITÉ : v. arm's length,
    gender-, level playing field,
    match
ÉGARD (À L'___ DE) :
    v. regarding
ÉGARD (EU ___ À) : v. account
    of, basis
ÉGIDE (SOUS L'___ DE) :
    v. sponsor
ÉLABORÉ : v. sophisticated
ÉLABORER : v. develop,
    policy-making body
ÉLAN : v. driving force,
    momentum
ÉLARGIR : v. develop,
    extension, increase
ÉLASTIQUE : v. responsive
ÉLECTEURS : v. constituency,
    grass-roots
ÉLECTRO-TECHNIQUE :
    v. engineering
ÉLÉGANT : v. sophisticated
ÉLÉMENT : v. component,
    develop, input, issue
ÉLÉMENTAIRE : v. core

ÉLÉMENTS
    D'APPRÉCIATION :
    v. background
ÉLEVÉ : v. major, senior
ÉLÈVE : v. academic
ÉLEVER : v. increase, upgrade
ÉLIMINER : v. clearance, deal
    with, dispose of, preempt,
    screening
ÉLOCUTION : v. delivery
ÉLOQUENT : v. articulate, case,
    meaningful
ÉLUDER : v. non-committal
ÉMANCIPER (S'___) :
    v. empower
ÉMANER DE : v. account of
EMBARQUÉ : v. built-in
EMBARRAS : v. concern
EMBRASSER : v. including,
    involve
EMBÛCHE : v. challenge
ÉMERGER : v. emerging
ÉMETTRE : v. say
ÉMINENCE GRISE : v. clout
ÉMINENT : v. high profile,
    outstanding
ÉMISSION : v. output
ÉMISSION D'ACTIONS :
    v. equity
ÉMOUSSER : v. decrease
ÉMOUVOIR : v. affect, concern
EMPARER (S'___ DE) :
    v. control
EMPATHIE : v. care
EMPÊCHER : v. deterrent
EMPESÉ : v. formal
EMPHATIQUE (SOULIGNAGE
    ___) : v. emphasis
EMPIÉTER SUR : v. preempt
EMPIRE : v. clout, control
EMPIRIQUE : v. ad hoc,
    case-by-case, informal
EMPLOI (PERSPECTIVE
    D'___) : v. opportunity
EMPLOI (DOUBLE ___) :
    v. duplication
EMPLOI DU TEMPS :
    v. agenda, schedule
EMPLOYÉ : v. officials
EMPLOYER (S'___ À) :
    v. commitment

EXERCER (S'___ SUR) :
v. affect
EXERCICE DE L'AUTORITÉ :
v. governance
EXHAUSTIF :
v. comprehensive, full-scale
EXHIBITION : v. exposure
EXHORTER À : v. urge
EXIGÉ : v. documented
EXIGEANT : v. challenge
EXIGER : v. challenge, involve
EXISTANT : v. available
EXPANSION : v. develop,
extension, increase
EXPÉDIENT : v. appropriate
EXPÉDIER : v. delivery, dispose
of
EXPÉRIENCE : v. background,
exercise, tentative, track
record
EXPÉRIENCE (D'___) :
v. senior
EXPÉRIENCE (DE PEU
D'___) : v. junior
EXPÉRIMENTAL : v. tentative
EXPÉRIMENTÉ : v. senior,
sophisticated
EXPERT : v. authority
EXPERTISE : v. appraisal
EXPIRER : v. lapsing
EXPLICATION (QUI SE PASSE
D'___) : v. self-evident
EXPLICITE : v. articulate,
formal, self-evident
EXPLIQUER : v. account of,
background, brief, case,
rationale, say, schedule
EXPLOIT : v. challenge
EXPLOITATION (REMETTRE
EN ___) : v. rehabilitation
EXPLOITER : v. develop,
follow-up, operate
EXPLORATION :
v. brainstorming, canvassing,
field
EXPLOSIF : v. sensitive
EXPOSÉ : v. brief, rationale
EXPOSÉ DE PRINCIPES :
v. policy paper, policy
statement

EXPOSER : v. brief, case,
display, exposure, say
EXPOSÉ SOMMAIRE :
v. overview
EXPRÈS : v. formal
EXPRESSÉMENT : v. formal
EXPRESSIF : v. articulate,
emphasis, meaningful
EXPRIMER : v. articulate,
output, reflect, say, suggest
EXTENSIBLE : v. open-ended
EXTENSION : v. develop,
extension, increase
EXTÉRIEUR : v. field, formal
EXTINCTION : v. lapsing
EXTRAIRE : v. identify, output
EXTRAIT : v. certificate
EXTRANT : v. output
EXTRAORDINAIRE :
v. non-recurring, outstanding

F

FAÇADE (DE ___) : v. formal
FACE (FAIRE ___ À) :
v. commitment, comply with,
deal with
FACE À : v. response
FACETTE : v. component
FÂCHEUX : v. inappropriate
FACILITER : v. promote
FACILITÉ : v. articulate,
facilities, opportunity
FAÇON : v. pattern
FAÇON (DE TELLE ___ QUE) :
v. result in
FAÇON (DE TOUTE ___) :
v. bottom line, however
FAÇON (SANS ___) :
v. informal
FAÇON DE PROCÉDER :
v. approach, policy,
procedure
FAÇON DE VOIR : v. policy,
scheme
FACTEUR : v. account of,
component, develop, issue
FACTEUR DÉCISIF : v. bottom
line

FAIRE PARTICIPER :
v. involve
FAIRE PARTIE DE : v. built-in,
including, within
FAIRE PARVENIR : v. provide
FAIRE PENDANT À : v. match
FAIRE PENSER À : v. suggest
FAIRE PIÈCE À : v. offset
FAIRE PROGRESSER :
v. develop, promote
FAIRE QQCH. À QQN : v. care
FAIRE QQCH. AVEC COEUR :
v. dedication
FAIRE QUE : v. result in
FAIRE RECULER : v. deterrent
FAIRE RÉFÉRENCE À : v. refer
to
FAIRE REMARQUER : v. say
FAIRE RESPECTER :
v. enforcement
FAIRE RESSORTIR : v. case,
emphasis, enforcement,
identify, reflect, say
FAIRE SEMBLANT DE NE
PAS VOIR : v. ignore
FAIRE SENS : v. meaningful
FAIRE SENTIR : v. emphasis
FAIRE SIEN : v. endorse
FAIRE SUITE À : v. account of
FAIRE SUIVRE DE :
v. follow-up
FAIRE TORT À : v. affect,
reflect
FAIRE TOURNER : v. operate
FAIRE UN SORT À : v. dispose
of
FAIRE VALOIR : v. develop,
emphasis, enforcement,
operate, promote, say,
suggest, urge
FAIRE VIVRE (SUBSISTER) :
v. maintain
FAISCEAU : v. package
FAIT : v. action, develop
FAIT (AU ___) : v. aware, brief,
monitor
FAIT (DE CE ___) : v. account
of
FAIT (DU ___ DE) : v. account
of
FAIT (EN ___) : v. if anything

FAIT (EN ___ DE) : v. regarding
FAIT ET CAUSE (PRENDRE
___ POUR) : v. advocacy
FAIT NOUVEAU : v. develop
FALLOIR (COMME IL FAUT) :
v. appropriate
FALLOIR (S'IL LE FAUT) :
v. if necessary
FAMILIER : v. informal, non-
standard
FAMILLE : v. community, type
FAROUCHE : v. aggressive
FASCINANT : v. challenge
FAUSSER : v. affect
FAUTE (ÊTRE LA ___ DE) :
v. account of
FAUTE (PAR LA ___ DE) :
v. instrumental
FAUTIF : v. inappropriate
FAUX (S'INSCRIRE EN ___
CONTRE) : v. challenge
FAVEUR : v. goodwill
FAVEUR (À LA ___ DE) :
v. account of
FAVEUR (EN ___ DE) :
v. support
FAVORABLE : v. appropriate,
case, facilities, opportunity,
responsive
FAVORISER : v. advocacy,
-oriented, promote, support
FEED-BACK : v. feedback
FEINDRE DE NE PAS VOIR :
v. ignore
FÉMININES
(PRÉOCCUPATIONS ___) :
v. gender-
FEMME (SITUATION DE LA
___) : v. gender-
FERME : v. aggressive,
commitment, formal
FERMÉ : v. sensitive
FERMER LES YEUX SUR :
v. ignore
FERMETÉ : v. purpose
FERRO : v. blueprint
FERVEUR : v. commitment,
dedication, purpose
FÊTE (SE FAIRE UNE ___
DE) : v. look forward to
FEUILLE : v. schedule

FEUTRÉ : v. low profile
FI (FAIRE ___ DE) : v. ignore
FICHE : v. brief, certificate
FICHE DOCUMENTAIRE :
    v. background
FICHIER : v. system
FIDÈLE : v. consistently
FIDÉLITÉ : v. commitment,
    dedication, goodwill
FIER (SE ___ À) : v. depend on
FIGÉ : v. blueprint
FIGURE : v. pattern
FIGURE DE PROUE : v. leader
FIGURER DANS : v. including
FILET : v. system
FILET (MONTER AU ___) :
    v. leader
FILIALE COMMUNE : v. joint
    venture
FILIÈRE : v. channel, pattern,
    procedure, system
FILON : v. opportunity
FILS : v. junior
FILTRAGE : v. screening
FIN : v. debriefing, lapsing,
    purpose, sensitive,
    sophisticated
FIN (À LA ___) : v. eventually
FIN (MENER À BONNE ___) :
    v. finalize
FIN (PRENDRE ___) : v. lapsing
FIN (SANS ___) : v. open-ended
FINAL : v. bottom line, finalize
FINALEMENT : v. bottom line,
    eventually
FINALISER : v. finalize
FINALITÉ : v. purpose
FINANCER : v. equity, maintain,
    sponsor, support
FIN DE COUVERTURE :
    v. lapsing
FINIR : v. finalize
FINIR PAR : v. eventually
FINS (AUX ___ DE) :
    v. purpose
FIRME : v. corporate
FIXE : v. built-in, core,
    non-detachable
FIXER : v. concentrate on,
    finalize, identify, provide
FIXÉ SUR : v. built-in

FLAGRANT : v. apparent
FLAMBÉE : v. increase
FLAMBOYANT : v. high profile
FLAMME (RETOUR DE ___) :
    v. backlash
FLÉCHIR : v. decrease
FLEXIBLE : v. open-ended,
    responsive
FLOU : v. focus, open-ended
FLUCTUANT : v. sensitive
FLUX : v. input
FOCALISER SUR :
    v. concentrate on
FOI : v. commitment
FOI (SUR LA ___ DE) : v. basis
FOIS (UNE ___ POUR
    TOUTES) : v. non-recurring
FOISONNER : v. increase
FONCIÈREMENT : v. core
FONCTION (ÊTRE ___ DE) :
    v. account of, basis, depend
    on, -driven, purpose,
    response
FONCTIONNAIRE : v. officers,
    officials
FONCTIONNANT À : v. -driven
FONCTIONNER : v. action,
    maintain, operate
FOND : v. background, bottom
    line, core, depend on
FOND (À ___) : v. full-scale
FOND (DE ___) : v. issue,
    policy change
FOND (DE ___ EN COMBLE) :
    v. comprehensive
FOND (FAIRE ___ SUR) :
    v. depend on
FONDAMENTAL : v. bottom
    line, core, major, policy
    change, rationale
FONDÉ : v. appropriate
FONDEMENT : v. account of,
    authority, depend on,
    grass-roots, rationale
FONDER : v. promote
FONDÉ SUR : v. basis, depend
    on
FONDS : v. equity
FONDS COMMERCIAL :
    v. goodwill
FONDS COMMUN : v. pool

FORCE : v. authority, case,
   challenge, driving force,
   emphasis, enforcement,
   leader, leverage, momentum
FORCER : v. increase
FORCER À : v. enforcement
FORCLUSION : v. lapsing
FORFAIT : v. package
FORGER : v. develop
FORMALISTE : v. formal
FORMALITÉS : v. clearance,
   procedure
FORMALITÉS (SANS ___) :
   v. informal
FORMAT : v. format
FORMATION : v. academic,
   background
FORMATION (EN VOIE DE
   ___) : v. emerging
FORMATION GÉNÉRALE :
   v. academic
FORMATION PERMANENTE :
   v. extension
FORME : v. design, formal,
   format, pattern, procedure,
   system, type
FORME (EN BONNE ET DUE
   ___) : v. formal
FORME (POUR LA ___) :
   v. formal
FORMEL : v. formal, emphasis
FORMER : v. academic, account
   of, develop, extension
FORMER (SE ___) : v. emerging
FORMES (SANS LES ___) :
   v. informal
FORMIDABLE : v. outstanding
FORMULAIRE : v. schedule
FORMULE : v. approach,
   format, pattern, procedure,
   scheme, system
FORMULER : v. develop,
   identify, initiate, policy-
   making body, say
FORT : v. case, major
FORT DE : v. basis
FORTUNE (À LA ___ DU
   POT) : v. informal
FORTUNE (BONNE ___) :
   v. opportunity
FORUM : v. forum

FOUILLÉ : v. comprehensive
FOULÉE (DANS LA ___ DE) :
   v. account of, follow-up,
   momentum
FOURBI : v. kit
FOURNIMENT : v. kit
FOURNIR : v. delivery,
   including, input, maintain,
   provide, support
FOURNIR (SE ___ CHEZ) :
   v. deal with
FOYER : v. focus
FRACASSANT : v. high profile
FRACTION : v. component
FRAGILE : v. sensitive
FRAGMENT : v. component
FRANQUETTE (À LA BONNE
   ___) : v. informal
FRAPPANT : v. outstanding
FRAPPÉ (ÊTRE ___ AU COIN
   DE) : v. reflect
FRAPPER : v. affect
FRAYER LA VOIE : v. leader
FREIN : v. control, deterrent,
   disincentive
FREINAGE : v. decrease
FRÉQUENCE : v. consistently
FRÉQUENT (PEU ___) :
   v. scarce
FROID : v. academic
FRONTAL : v. front-end
FRUCTIFIER (FAIRE ___) :
   v. develop
FRUIT : v. result in
FUMEUX : v. focus
FURTIF : v. low profile
FUTILE : v. meaningful

G

GABARIT : v. clearance, pattern
GAGEURE : v. challenge
GAGNÉ À : v. commitment
GAGNER DU TERRAIN :
   v. momentum
GAIN : v. increase
GALBE : v. pattern
GAMME : v. package, pattern
GANT (JETER LE ___ ;
   RELEVER LE ___) : v. challenge

H

I

J

M

METTRE À JOUR :
v. follow-up, maintain, upgrade

METTRE À LA DISPOSITION DE : v. available, provide

METTRE À LA POUBELLE :
v. dispose of

METTRE À LA RÉFORME :
v. dispose of

METTRE À L'ÉPREUVE :
v. challenge

METTRE À MÊME DE :
v. empower

METTRE À NIVEAU :
v. upgrade

METTRE À NU : v. exposure

METTRE À PROFIT :
v. follow-up

METTRE AU COURANT :
v. brief

METTRE AU JOUR :
v. exposure

METTRE AU POINT :
v. develop, finalize, follow-up

METTRE AU RANCART (AU REBUT) : v. dispose of

METTRE AUX VOIX :
v. dispose of

METTRE DANS LE COUP :
v. involve

METTRE EN ACCORD :
v. match

METTRE EN ACTION :
v. initiate, operate

METTRE EN APPLICATION :
v. enforcement, implementation

METTRE EN AVANT : v. urge

METTRE EN BALANCE :
v. offset

METTRE EN BRANLE :
v. implementation, initiate

METTRE EN CAUSE :
v. challenge

METTRE EN COMMUN :
v. pool

METTRE EN CONFORMITÉ :
v. match

METTRE EN CORRESPONDANCE :
v. match

METTRE EN DEMEURE :
v. challenge

METTRE EN DOUTE :
v. challenge, issue

METTRE EN ÉCHEC :
v. control

METTRE EN ÉVIDENCE :
v. emphasis, high profile

METTRE EN HARMONIE :
v. match

METTRE EN JEU : v. action, involve

METTRE EN LUMIÈRE :
v. emphasis, identify

METTRE EN MARCHE :
v. initiate, operate

METTRE EN MOUVEMENT :
v. initiate, operate

METTRE EN OEUVRE :
v. action, develop, enforcement, implementation, operate

METTRE EN OEUVRE (TOUT ___) : v. ensure

METTRE EN PARALLÈLE :
v. match

METTRE EN PÉRIL : v. affect

METTRE EN PRATIQUE :
v. action, enforcement, implementation

METTRE EN QUESTION :
v. challenge, issue

METTRE EN RAPPORT (EN RELATION) : v. refer to, relate to

METTRE EN RELIEF :
v. emphasis

METTRE EN ROUTE :
v. front-end, implementation, initiate

METTRE EN SERVICE :
v. develop, implementation, operate

METTRE EN TRAIN :
v. develop, front-end, initiate

METTRE EN USAGE :
v. operate

MONITEUR : v. extension
MONTANT : v. level
MONTER : v. increase, promote,
    upgrade
MONTER AU FILET : v. leader
MONTEUR : v. editor
MONTRE (EN ___) : v. display
MONTRER : v. case, reflect,
    suggest
MONTRER (SE ___) :
    v. apparent
MONTRER LE CHEMIN :
    v. leader
MONTURE : v. framework
MORCEAU : v. component
MORDU DE : v. -oriented
MORT (FAIRE LE ___) : v. low
    profile
MOTEUR : v. account of,
    driving force, leader
MOTIF : v. account of, design,
    pattern, purpose, rationale
MOTIONNAIRE : v. sponsor
MOTIVANT : v. challenge
MOTIVATION : account of,
    commitment, incentive
MOULE : v. pattern
MOUSSER (FAIRE ___) :
    v. promote
MOUVANCE : v. -oriented
MOUVEMENT : v. action,
    initiate, momentum, pattern
MOUVEMENT EN AVANT :
    v. develop, increase
MOUVOIR : v. -driven
MOYEN : v. account of,
    approach, case, channel,
    empower, facilities, input,
    instrumental, opportunity,
    system
MOYEN (AU ___ DE) :
    v. channel, instrumental
MOYEN D'ACTION :
    v. leverage
MOYENNANT : v. account of,
    provide
MOYENS : v. scope
MOYENS (PAR SES PROPRES
    ___) : self-reliance
MOYENS DU BORD (AVEC
    LES ___) : v. informal

MOYEN TERME : v. trade-off
MÛ (ÊTRE ___ PAR) :
    v. account of
MULTI- : v. comprehensive
MULTIPLICATEUR (EFFET
    ___) : v. leverage
MULTIPLICITÉ : v. competing,
    comprehensive
MULTIPLIER : v. duplication,
    extension, increase
MUNICIPAL : v. community
MUNIR DE : v. provide
MÛ PAR : v. -driven
MÛR : v. sophisticated
MUTUEL : v. self-help,
    self-reliance
MUTUELLES (CONCESSIONS
    ___) : v. trade-off
MYSTÉRIEUX : v. challenge

N

NAGUÈRE ENCORE : v. as
    recently as
NAISSANCE : v. account of
NAISSANT : v. emerging
NAÎTRE : v. account of,
    emerging
NANTIR DE : v. provide
NATION : v. community
NATURE : v. pattern
NATURE (EN ___) : v. non-cash
NATURE (ÊTRE DE ___ À) :
    v. likely
NATURE (GRANDEUR ___) :
    v. full-scale
NATUREL : v. informal
NÉANMOINS : v. however
NÉBULEUX : v. focus
NÉCESSAIRE : v. appropriate,
    documented, if necessary,
    instrumental, kit
NÉCESSAIRE (PRENDRE
    TOUTES LES MESURES
    ___S POUR) : v. ensure
NÉCESSAIRE (SI ___) : v. if
    necessary
NÉCESSITÉ : v. concern, if
    necessary
NÉCESSITER : v. involve

O

OBÉIR (FAIRE ___) :
v. enforcement
OBÉIR (SE FAIRE ___ DE) :
v. control
OBJECTER : v. say, urge
OBJECTIF : v. agenda,
challenge, commitment,
focus, -oriented, policy,
purpose
OBJECTION : v. challenge,
concern
OBJET : v. focus, purpose
OBLIGATION :
v. accountability,
commitment, enforcement
OBLIGATOIRE (COURS ___) :
v. core
OBLIGER À : v. enforcement
OBSCUR : v. focus
OBSERVER : v. comply with,
concern, feedback, maintain,
monitor, say
OBSERVER (FAIRE ___) :
v. enforcement, say
OBSERVER (NE PAS ___) :
v. ignore
OBSOLESCENCE : v. built-in
OBSTACLE : v. challenge,
disincentive
OBSTINÉMENT : v. consistently
OBTEMPÉRER : v. comply with
OCCASION : v. opportunity,
scope
OCCASIONNER : v. account of,
involve, result in
OCCULTE : v. built-in
OCCUPÉ : v. available
OCCUPER (S'___ DE) : v. care,
concentrate on, concern, deal
with, involve, regarding
OCTROYER : v. empower,
provide
OEUVRE : v. action, challenge,
output
OEUVRE (METTRE EN ___) :
v. action, develop,
enforcement,
implementation, operate
OEUVRE (TOUT METTRE EN
___ POUR) : v. ensure

OEUVRER POUR :
v. commitment, involve,
promote
OFFENSIF : v. aggressive
OFFICE : v. authority
OFFICE (FAIRE ___ DE) :
v. provide
OFFICIEL : v. authority, formal,
officials, public policy
OFFICIER : v. officers
OFFICIEUX : v. informal,
tentative
OFFRIR : v. available,
opportunity, provide
OFFRIR (S'___ À LA VUE) :
v. apparent
OMBRAGEUX : v. sensitive
OMBRE : v. suggest
OMBRE (DANS L'___) : v. low
profile
ONGLES (JUSQU'AU BOUT
DES ___) : v. core
OPÉRATION : v. exercise,
scheme
OPÉRATION CONJOINTE :
v. joint venture
OPÉRATIONNEL : v. field, line
OPÉRER : v. operate
OPINIÂTREMENT :
v. consistently
OPINION : v. feedback, input,
say, suggest
OPINION (PARTAGER L'___
DE) : v. endorse, support
OPPORTUNITÉ : v. appropriate,
opportunity, timely
OPPOSÉ (À L'___) : v. however
OPPOSER (S'___ À) :
v. challenge
OPPOSITION : v. challenge,
competing, however
OPTIMISTE : v. hopeful
OPTIQUE : v. approach, level
OPTIQUE (DANS L'___ DE) :
v. purpose
OR : v. however
ORATEUR : v. articulate
ORDINAIRE : v. consistently,
grass-roots
ORDONNANCE : v. pattern,
scheme

P

PARADOXAL : v. ironic
PARAFER : v. finalize
PAR AILLEURS : v. addition,
    however
PARAÎTRE : v. apparent
PARAÎTRE (LAISSER ___) :
    v. suggest
PARALLÈLE : v. match
PARALLÈLE (MARCHÉ ___) :
    v. informal
PARALYSANTE (INFLUENCE
    ___) : v. deterrent
PARAMÈTRES : v. input
PARAPHER : v. finalize
PARC : v. pool
PARCELLE : v. component
PARCE QUE : v. account of
PAR CONSÉQUENT :
    v. account of
PAR CONTRE : v. however
PARCOURS : v. pattern, track
    record
PAR DESSUS LE MARCHÉ :
    v. addition
PAR ÉCRIT : v. documented
PAREIL (SANS ___) :
    v. outstanding
PAREIL À : v. match
PARER À : v. deal with
PARFAIT (TYPE ___) : v. type
PARI : v. challenge
PARITÉ (ÊTRE À ___ AVEC) :
    v. match
PARLANT : v. meaningful, self-
    evident
PAR LA SUITE : v. eventually
PARLER (QUI PARLE) :
    v. meaningful, self-evident
PARLER DE : v. deal with, refer
    to, regarding, say
PARMI : v. including, within
PAROLE (AVOIR LA ___
    FACILE) : v. articulate
PAROLE (JOINDRE LE GESTE
    À LA ___) :
    v. implementation
PAROLE (TENIR ___) :
    v. commitment
PARRAINER : v. advocacy,
    endorse, promote, sponsor

PAR RAPPORT À : v. basis,
    regarding, relate to
PAR SUITE DE : v. account of,
    basis, response
PART : v. component, equity
PART (AVOIR ___ À) :
    v. instrumental
PART (D'AUTRE ___) :
    v. addition, however
PART (FAIRE ___ DE) : v. say
PART (PRENDRE ___ À) :
    v. concern, instrumental,
    involve
PART (PRENDRE UNE ___
    ACTIVE À) : v. instrumental
PARTAGER : v. endorse, match,
    partnership
PARTANT : v. account of
PARTENARIAT : v. partnership
PARTI : v. approach
PARTI (PRENDRE ___ POUR) :
    v. support
PARTI (TIRER ___ DE) :
    v. follow-up, operate
PARTICIPER : v. equity, input,
    involve, joint venture,
    membership, partnership,
    support
PARTICULIER : v. ad hoc,
    component, non-standard
PARTICULIER (EN ___) :
    v. emphasis
PARTIE : v. component
PARTIE (ÊTRE ___ À) :
    v. involve
PARTIE (FAIRE ___ DE) :
    v. built-in, including, within
PARTIEL : v. component,
    tentative
PARTIE PRENANTE :
    v. involve
PARTI PRIS : v. gender-
PARTIR DE : v. account of,
    basis
PARTISAN : v. advocacy,
    commitment, constituency,
    support
PARTS : v. equity
PARVENIR (FAIRE ___) :
    v. provide

PERSONNALISÉ :
    v. non-standard
PERSONNALITÉS : v. officials
PERSONNEL : v. self-help
PERSONNE MORALE :
    v. corporate
PERSONNE-RESSOURCE :
    v. contact
PERSONNES (SOCIÉTÉ DE
    ___) : v. partnership
PERSONNIFICATION : v. type
PERSPECTIVE : v. agenda,
    approach, background, basis,
    look forward to, opportunity,
    scope
PERSUASIF : v. articulate, case
PERTE : v. decrease
PERTE DE VITESSE (ÊTRE EN
    ___) : v. momentum
PERTINENT : v. appropriate,
    concern
PERTURBER : v. affect, concern
PESER : v. appraisal
PESER (LOURD) DANS LA
    BALANCE : v. clout
PESER SUR : v. affect
PETIT : v. grass-roots, junior,
    low profile, minor
PEU (DE ___
    D'EXPÉRIENCE) : v. junior
PEU (TRÈS ___) : v. scarce
PEU ABONDANT : v. scarce
PEU COMPROMETTANT :
    v. non-committal
PEU FRÉQUENT : v. scarce
PEU IMPORTANT : v. minor,
    non-essential
PEU NOCIF : v. environmentally
    friendly
PEU NOMBREUX : v. scarce
PEUPLE : v. grass-roots
PEU RÉVÉLATEUR : v. non-
    committal
PEUT-ÊTRE MÊME : v. if any,
    if anything
PHALLOCRATE : v. gender-
PHASE : v. component, level
PHOTOCOPIER : v. duplication
PHYSIONOMIE : v. pattern
PHYSIQUE (ACTIVITÉ ___) :
    v. exercise

PIC (À ___) : v. timely
PIÈCE : v. certificate,
    component
PIÈCE (FAIRE ___ À) : v. offset
PIÈCES (JUSTIFICATIVES) :
    v. documented
PIED (METTRE SUR ___) :
    v. develop, promote
PIED D'ÉGALITÉ (SUR UN
    ___) : v. arm's length, level
    playing field
PIÈGE : v. challenge
PILE (QUI TOMBE ___) :
    v. timely
PILOTE : v. leader
PILOTÉ PAR : v. -driven
PISTONNER : v. clout
PIVOT : v. focus
PLACARD : v. display
PLACE : v. clearance
PLACE (FAIRE LA ___) :
    v. canvassing
PLACE (GENS EN ___) :
    v. officials
PLACÉ (HAUT ___) : v. senior
PLACE (LARGE ___) :
    v. emphasis
PLACE (SUR ___) : v. field
PLACE D'HONNEUR : v. high
    profile
PLACER : v. dispose of
PLAFONNÉ (NON ___) :
    v. open-ended
PLAIDER : v. advocacy, case
PLAIN-PIED (DE ___ AVEC) :
    v. arm's length
PLAINTE : v. action
PLAINTE (PORTER ___) :
    v. initiate
PLAIRE À QQN : v. care
PLAISIR (CE SERA UN ___
    DE) : v. look forward to
PLAN : v. agenda, blueprint,
    design, format, framework,
    level, package, pattern,
    policy, procedure, schedule,
    scheme, system
PLAN (PREMIER ___) :
    v. emphasis, major,
    oustanding, senior
PLAN (SECOND ___) : v. junior

PONCTUEL : v. ad hoc,
    case-by-case, non-recurring,
    schedule
PONCTUER ... DE : v. emphasis
PONDÉRER : v. offset
POOL : v. pool
POPULAIRE : v. community,
    grass-roots, high profile,
    non-standard
POPULATION : v. community
PORTATIF : v. field
PORTE (OUVRIR LA ___ À) :
    v. result in
PORTE-À-PORTE :
    v. canvassing
PORTÉE : v. result in, scope
PORTÉE (À LA ___ DE) :
    v. within
PORTÉE (GRANDE ___) :
    v. comprehensive
PORTÉE RESTREINTE (DE
    ___) : v. minor
PORTE-PAROLE : v. advocacy,
    leader, officials
PORTER : v. provide
PORTER (SE ___ GARANT
    DE) : v. endorse, sponsor
PORTER À : v. increase,
    upgrade
PORTER ATTEINTE À :
    v. affect, reflect
PORTER DEVANT : v. refer to
PORTER L'EMPREINTE DE :
    v. reflect
PORTER PLAINTE : v. initiate
PORTER SECOURS À :
    v. support
PORTER SUR : v. affect,
    concentrate on, deal with,
    regarding, relate to
PORTEUSE (ACTIVITÉ ___) :
    v. driving force
PORTION : v. component
PORTRAIT : v. counterpart
POSER (SE ___) : v. issue
POSITIF : v. formal, meaningful
POSITION : v. approach, policy,
    policy statement
POSSIBILITÉ : v. available,
    facilities, likely, opportunity,
    scope

POSTE (TÉLÉPHONIQUE) :
v. extension
POSTÉRIEUR : v. follow-up
POSTES-CLÉS : v. empower
POSTULANT : v. hopeful
POSTULAT : v. assumption
POT (À LA FORTUNE DU
    ___) : v. informal
POTENTIEL (RÉALISER SON
    ___) : v. self-realization
POUBELLE (METTRE À LA
    ___) : v. dispose of
POUPE (AVOIR LE VENT EN
    ___) : v. momentum
POUR : v. purpose, regarding
POUR (ÊTRE ___) : v. support
POUR (FAIT ___) :
    v. appropriate
POUR CE QUI CONCERNE (CE
    QUI EST DE) : v. regarding
POURQUOI : v. account of,
    purpose, rationale
POURSUIVRE : v. action,
    enforcement, follow-up,
    maintain, momentum, say
POURTANT : v. however
POURVOIR (À ___) :
    v. available
POURVOIR À : v. ensure
POURVOIR DE : v. provide
POURVU QUE : v. provide
POUSSÉ : v. comprehensive,
    meaningful, sophisticated
POUSSER : v. account of,
    -driven, increase, leverage,
    promote, urge
POUSSER À LA ROUE :
    v. support
POUVOIR : v. authority,
    available, clout,
    decision-maker, empower,
    enforcement, governance,
    jurisdiction, leader, leverage,
    officers, officials
POUVOIR (SE ___) : v. likely
POUVOIRS PUBLICS :
    v. authority, public policy
PRAGMATIQUE : v. bottom
    line

PROPRE (METTRE AU ___) :
v. finalize
PROPRE À : v. appropriate,
likely
PROPRES MOYENS (SES
___) : v. self-reliance, self-
sufficiency
PRORATA (AU ___ DE) :
v. basis
PROROGATION : v. extension
PROSPECTION :
v. brainstorming, canvassing
PROSPÉRER : v. develop
PROTAGONISTE : v. leader
PROTÉGER : v. care, depend
on, ensure
PROTESTER : v. challenge, say
PROTOCOLAIRE : v. formal
PROTOCOLE : v. procedure
PROTOCOLE (DÉNUÉ DE
___) : v. informal
PROTOTYPE : v. blueprint, type
PROUESSE : v. challenge
PROUVÉ : v. documented
PROVENIR DE : v. account of
PROVINCE : v. jurisdiction
PROVISOIRE : v. progress
report, tentative
PROVOQUER : v. account of,
challenge, incentive, initiate,
operate, result in
PROXIMITÉ DE : v. exposure
PRUDENT : v. non-committal
PUBLIC : v. community, forum
PUBLIC (DÉBAT ___) :
v. forum
PUBLIC (INTÉRÊT ___;
ORDRE ___) : v. public
policy
PUBLIC CIBLE : v. constituency
PUBLICITAIRE : v. exposure
PUBLICITÉ : v. endorse, high
profile, promote
PUBLIQUE (CHOSE ___) :
v. public policy
PUBLIQUE (GESTION ___) :
v. governance, public policy
PUBLIQUE (PLACE ___) :
v. high profile

PUBLIQUES (AFFAIRES ___) :
v. governance, policy maker,
public policy
PUIS : v. addition
PUISQUE : v. account of
PUISSANCE : v. clout, input,
leverage, major, output,
senior
PURIFIER : v. upgrade

Q

QUALIFIER DE : v. refer to
QUALITÉ : v. level
QUALITÉ (AVOIR ___ POUR) :
v. authority, empower
QUALITÉ DE MEMBRE :
v. membership
QUALITÉS DE CHEF : v. leader
QUAND MÊME : v. however
QUANT À : v. regarding
QUARTIER : v. community,
grass-roots
QUELQUE CHOSE (ÊTRE
POUR ___ DANS) :
v. instrumental
QUESTION : v. concern, issue
QUESTION (EN ___) :
v. challenge, concern
QUESTION (METTRE EN
___) : v. challenge, issue
QUESTION DE L'HEURE
(ÊTRE LA ___) : v. high
profile
QUESTION
FONDAMENTALE :
v. bottom line
QUESTIONNAIRE : v. schedule
QUESTIONS : v. agenda
QUESTIONS
ÉLIMINATOIRES :
v. screening
QUI DE DROIT : v. authority,
concern
QUI DIT ..., DIT ... : v. involve
QUI PLUS EST : v. addition
QUITTANCE : v. certificate,
clearance
QUOI (COMME ___) :
v. account of

QUOI QU'IL EN SOIT :
v. however

R

RABAIS (VENTE AU ___) :
v. clearance
RACE : v. type
RACHETER : v. offset
RACONTER : v. say
RAFFERMIR : v. increase
RAFFINÉ : v. sophisticated
RAFFINER : v. upgrade
RAIDE : v. formal
RAISON : v. account of, basis,
purpose, rationale
RAISON (AVOIR ___ DE) :
v. dispose of
RAISON (EN ___ DE) :
v. account of, basis
RAISON D'ÊTRE : v. purpose,
rationale
RAISONNABLE : v. appropriate
RAISONNÉ : v. rationale
RAISONNEMENT : v. rationale
RAISONNER : v. challenge,
control
RAISONS : v. background, case
RAISON SOCIALE :
v. corporate
RAJEUNIR : v. rehabilitation
RAJOUT : v. extension
RALENTIR : v. affect, decrease
RALLIEMENT (DE ___) :
v. community, focus
RALLIER (SE ___ À) :
v. endorse, support
RALLONGE : v. extension
RAMASSER : v. dispose of
RAMASSER LE GANT :
v. challenge
RAMENÉ À : v. decrease
RAMPE D'ACCÈS : v. approach
RANCART (METTRE AU ___) :
v. dispose of
RANG : v. level
RANG (DE PREMIER ___) :
v. major
RANG (DE SECOND ___) :
v. junior

RANGER (SE ___ À L'AVIS
DE) : v. endorse, support
RANG INFÉRIEUR : v. junior
RANGS (DANS LES ___ DE) :
v. within
RANGS (SUR LES ___) :
v. competing
RANG SUPÉRIEUR : v. senior
RAPIDE : v. timely
RAPIDE (EXAMEN ___) :
v. overview
RAPPELER : v. background,
follow-up, refer to, say,
suggest
RAPPORT : v. contact,
debriefing, match, progress
report, relate to, trade-off
RAPPORT (AVOIR ___ À) :
v. affect, deal with,
regarding
RAPPORT (EN ___ AVEC) :
v. contact, refer to, relate to
RAPPORT (PAR ___ À) :
v. basis, regarding, relate to
RAPPORT (SOUS LE ___ DE) :
v. regarding
RAPPORTER : v. documented,
say
RAPPORTER (SE ___ À) :
v. affect, refer to, regarding,
relate to
RAPPORTER (S'EN ___ À) :
v. refer to
RAPPORTER À : v. relate to
RAPPROCHER : v. match, relate
to
RARE : v. scarce
RAS DU SOL : v. grass-roots
RASSEMBLEMENT : v. focus
RATIFIER : v. clearance,
finalize
RATIONNEL : v. appropriate,
rationale
RATTACHER À : v. relate to
RATTRAPER : v. offset
RAYON (DANS UN ___ DE) :
v. within
RAYON D'ACTION : v. scope
RAYONNEMENT : v. focus,
high profile, leader

RESPONSABILITÉ :
v. accountability, action,
authority, care, challenge,
commitment, decision maker,
editor, empower,
jurisdiction, leader, officers,
officials, policy maker
RESSAC : v. backlash
RESSERREMENT : v. decrease
RESSORT : v. account of,
authority, driving force,
jurisdiction, scope
RESSORTIR : v. apparent,
reflect
RESSORTIR (FAIRE ___) :
v. case, emphasis,
enforcement, identify,
reflect, say
RESSORTIR À : v. affect,
depend on, jurisdiction,
relate to
RESSORTIR DE : v. account of
RESSOURCE(S) : v. depend on,
facilities, gumption, input
RESTANT DÛ : v. outstanding
RESTAURATION :
v. rehabilitation
RESTE (DU ___) : v. addition
RESTER (IL RESTE QUE) :
v. bottom line, however
RESTER (QUI RESTE À
FAIRE) : v. outstanding
RESTREINDRE : v. control,
decrease, however
RESTREINT : v. minor, scarce,
sensitive
RESTRICTIF (NON ___) :
v. open-ended
RESUCÉE : v. duplication
RÉSULTANTE : v. result in
RÉSULTAT : v. account of,
output, result in
RÉSULTAT FINAL : v. bottom
line
RÉSULTATS OBTENUS :
v. track record
RÉSULTER DE : v. account of
RÉSUMÉ : v. brief
RÉSUMÉ (EN ___) : v. bottom
line

RÉTABLISSEMENT :
v. rehabilitation
RETARDER : v. affect
RETENIR : v. control
RETENTIR SUR : v. affect
RETENTISSANT : v. high
profile
RETENTISSEMENT :
v. backlash, high profile,
result in
RETENUE : v. low profile
RETOMBÉES : v. backlash,
result in
RÉTORQUER : v. say
RETOUR : v. backlash,
debriefing, feedback
RETOUR DE BÂTON :
v. backlash
RETRANCHER DE : v. decrease
RÉTRÉCIR : v. decrease
RÉTROACTION : v. feedback
RETROUVER (SE ___ DANS) :
v. relate to
RÉUNION (DE ___) :
v. community
RÉUNION DE COMPTE
RENDU : v. debriefing
RÉUNION D'INFORMATION :
v. brief
RÉUSSITE : v. track record
REVALORISER :
v. rehabilitation, upgrade
REVANCHE (EN ___) :
v. however
RÉVÉLATEUR : v. meaningful,
reflect
RÉVÉLATEUR (PEU ___) :
v. non-committal
RÉVÉLATION : v. exposure
RÉVÉLER : v. case, reflect, say
RÉVÉLER (SE ___) :
v. emerging
REVENDIQUER : v. advocacy
REVENIR DE ... À ... :
v. decrease
REVENIR SUR : v. follow-up
REVÊTIR DE SA
SIGNATURE : v. endorse
RÉVISABLE : v. tentative
RÉVISER : v. editor, upgrade

S

T

TABLE : v. schedule
TABLEAU : v. display, schedule
TABLE RONDE : v. forum
TABLER SUR : v. depend on
TÂCHE : v. challenge,
    commitment
TÂCHE (CONFIER UNE ___) :
    v. brief
TACTIQUE : v. policy
TAILLE (DE ___) : v. major
TAILLE (ÊTRE DE ___ À) :
    v. match
TAILLER DANS LE VIF :
    v. decrease
TALONNER : v. urge
TAMBOUR (SANS ___ NI
    TROMPETTE) : v. low
    profile
TAMISAGE : v. screening
TANDEM (EN ___) :
    v. counterpart
TANGIBLE : v. apparent
TANT ET SI BIEN QUE :
    v. result in
TAPIS (SUR LE ___) : v. deal
    with, issue
TARD (PAS PLUS ___ QUE) :
    v. as recently as
TARD (PLUS ___) :
    v. eventually
TARD (TÔT OU ___) :
    v. eventually
TARDER (IL ME TARDE DE) :
    v. look forward to
TARIF : v. schedule
TARIFER : v. appraisal
TAS (SUR LE ___) : v. field
TASSEMENT : v. decrease
TATILLON : v. blueprint
TÂTONNEMENTS :
    v. case-by-case
TAUREAU (PRENDRE LE ___
    PAR LES CORNES) :
    v. challenge
TAUTOLOGIE : v. duplication
TAUX : v. level, schedule
TECHNICITÉ (DE HAUTE
    ___) : v. sophisticated

TECHNIQUE : v. approach,
    engineering, policy,
    procedure
TECHNOCRATE : v. decision
    maker, policy maker
TECHNOLOGIQUEMENT
    AVANCÉ : v. sophisticated
TEINTÉ DE : v. -oriented
TELLEMENT QUE : v. result in
TÉMOIGNAGE : v. debriefing
TÉMOIGNER DE : v. endorse,
    reflect
TEMPORAIRE : v. ad hoc,
    tentative
TEMPS (À ___) : v. schedule,
    timely
TEMPS (AVEC LE ___) :
    v. eventually
TEMPS (EMPLOI DU ___) :
    v. agenda, schedule
TEMPS D'ANTENNE :
    v. exposure
TEMPS OPPORTUN :
    v. opportunity, timely
TÉNACITÉ : v. aggressive
TENDANCE : v. -oriented,
    pattern
TENDRE À : v. likely
TENDRE À LA HAUSSE :
    v. upgrade
TENDRE LA MAIN À :
    v. support
TENEUR : v. level
TENIR : v. control, maintain,
    operate
TENIR (SE ___) : v. consistently
TENIR À : v. care, commitment,
    depend on, reflect
TENIR À DISTANCE : v. arm's
    length
TENIR À JOUR : v. maintain
TENIR COMPTE DE :
    v. account of, basis, deal
    with
TENIR COMPTE DE (NE PAS
    ___) : v. ignore
TENIR EN ÉCHEC : v. control
TENIR EN HALEINE :
    v. challenge
TENIR LA VEDETTE : v. high
    profile

TRIPOTAGE : v. scheme
TROUBLE : v. concern, focus
TROUSSE : v. kit
TROUSSEAU : v. kit
TROUVER : v. identify
TROUVER IMPORTANT :
  v. concern
TRUCHEMENT : v. channel
TRUST : v. pool
TYPE : v. design, format,
  pattern, type

U

ULTÉRIEUR : v. eventually,
  follow-up
UN À UN : v. case-by-case
UNE (FAIRE LA ___) : v. high
  profile
UNE FOIS POUR TOUTES :
  v. non-recurring
UNIFORME : v. consistently,
  level playing field
UNILATÉRALEMENT
  (PRENDRE ___) :
  v. preempt
UNION : v. partnership
UNIQUE : v. outstanding
UNIQUE (À USAGE ___) :
  v. non-returnable
UNITÉ : v. articulate,
  community, consistently,
  system
UNITÉ D'AFFICHAGE :
  v. display
UNIVERS : v. environment
UNIVERSEL : v. comprehensive
UNIVERSITAIRE : v. academic,
  scholar
URBAIN : v. community
URBI ET ORBI :
  v. comprehensive, high
  profile
URGENCE : v. backup
USAGE : v. exercise, operate,
  pattern, procedure, purpose
USAGE (REMISE EN ___) :
  v. rehabilitation
USAGE UNIQUE (À ___) :
  v. non-returnable

UTILE : v. appropriate,
  meaningful
UTILE (EN TEMPS ___) :
  v. timely
UTILISABLE : v. available
UTILISER : v. follow-up,
  operate
UTILITÉ : v. purpose
UTILITÉ COLLECTIVE
  (D'___) : v. community

V

VACANCE : available,
  opportunity
VA COMME JE TE POUSSE (À
  LA ___) : v. ad hoc
VAGUE : v. focus
VAGUES (NE PAS FAIRE DE
  ___) : v. low profile
VAIN : v. meaningful
VAINCRE : v. challenge,
  dispose of
VALABLE : v. appropriate,
  meaningful
VALABLE (N'ÊTRE PLUS
  ___) : v. lapsing
VALEUR (DE GRANDE ___) :
  v. outstanding
VALEUR (METTRE EN ___) :
  v. develop, display,
  emphasis, enforcement,
  operate, promote
VALEUR NETTE : v. equity
VALIDE (CESSER D'ÊTRE
  ___) : v. lapsing
VALOIR (FAIRE ___) :
  v. develop, emphasis,
  enforcement, operate,
  promote, say, suggest, urge
VALORISER : v. appraisal
VANTER : v. promote
VARIABLE : v. non-uniform,
  open-ended
VARIER SELON : v. depend on
VARIÉTÉ : v. type
VASTE : v. comprehensive,
  major
VECTEUR : v. channel

VEDETTE : v. emphasis, high
profile, outstanding
VÉHICULE : v. channel
VEILLER À : v. care, deal with,
emphasis, ensure
VEILLER SUR : v. care
VENDRE : v. deal with, dispose
of
VENIR (EN ___ À) :
v. eventually
VENIR DE : v. account of
VENIR EN AIDE À : v. support
VENT (AVOIR LE ___ DANS
LES VOILES) :
v. momentum
VENTE (EN ___ CHEZ) :
v. available
VENTE À DOMICILE :
v. canvassing
VENTE AU RABAIS :
v. clearance
VENTILATION PAR SEXE :
v. gender-
VENUE : v. approach
VÉRIFIER : v. canvassing,
clearance, control, follow-up,
screening
VÉRITABLE : v. formal
VÉRITÉ : v. bottom line
VERSER : v. provide
VERSION PLUS RÉCENTE :
v. update
VERSO (AU ___ DE) :
v. endorse
VERT : v. environmentally
friendly
VERTU (EN ___ DE) :
v. account of, authority,
basis
VÊTEMENTS SIMPLES :
v. informal
VÉTUSTÉ : v. built-in
VIA : v. channel
VICIEUX (CERCLE ___) :
v. pattern
VIDE : v. meaningful
VIEILLISSEMENT : v. built-in
VIF : v. responsive
VIF (COUPER DANS LE ___) :
v. decrease
VIGILANCE : v. care

VIGOUREUX : v. aggressive,
emphasis
VIGUEUR (CESSER D'ÊTRE
EN ___) : v. lapsing
VIGUEUR (EN ___) :
v. enforcement,
implementation, operate
VILLAGE : v. community
VILLE : v. community
VILLE (TENUE DE ___) :
v. informal
VISANT : v. regarding
VISANT À : v. purpose
VIS-À-VIS : v. counterpart,
regarding
VISÉES : v. design, -oriented,
purpose
VISER : v. affect, deal with,
concentrate on, concern,
endorse, including, involve,
-oriented, purpose, refer to,
regarding, relate to
VISIBLE : v. apparent, high
profile
VISION : v. approach
VISITER LES ÉLECTEURS
(LES CLIENTS) :
v. canvassing
VISU : v. display
VISUALISATION : v. display
VISUEL : v. display
VITALITÉ : v. gumption
VITESSE : v. momentum
VITRINE : v. display
VIVRE (FAIRE ___) :
v. maintain
VIVRE AVEC : v. relate to
VOCATION : v. commitment,
-oriented
VOGUE (EN ___) : v. high
profile
VOIE : v. channel, clearance
VOIE (EN ___ DE) :
v. emerging, upgrade
VOIE (OUVRIR LA ___) :
v. leader
VOIE D'ACCÈS : v. approach
VOILES (AVOIR LE VENT
DANS LES ___) :
v. momentum

LEXIQUE

ACADEMIC

universitaire	platonique
scolaire	désintéressé
didactique	abstrait
pédagogique	théorique
éducatif	purement théorique
éducationnel	sans portée concrète (immédiate;
professoral	pratique)
	sans intérêt pratique
d'études	qui manque d'esprit pratique
d'instruction	qui sent l'école
d'enseignement	hypothétique
de formation	spéculatif
de cours	de caractère spéculatif
de scolarité	
d'école	stérile
de faculté	froid
d'université	compassé
de l'enseignant	guindé
de l'étudiant	académique
de l'élève	conventionnel
	v. formal, traditional

de culture (formation) générale
(de type) classique
intellectuel
livresque
savant
érudit
studieux

de recherche [academic paper]
(?)
recherche fondamentale
    [academic research] (?)

professeur
universitaire
théoricien
érudit
spécialiste
v. scholar

ACCOUNTABILITY

obligation de rendre compte (des comptes) [*ex. : assumer son obligation de rendre des comptes; renforcer l'obligation de rendre compte*]
obligation de répondre de
obligation redditionnelle (?)
reddition de(s) comptes
compte(s) à rendre

justification de l'emploi des fonds [*budget*]
justification des décisions (?)
avance à justifier [accountable advance]
transparence [public accountability] (?)

responsabilité
responsabilisation
v. empower

avoir des comptes à rendre à qqn
rendre des comptes à qqn
devoir rendre compte de qqch. (à qqn)
devoir des comptes à qqn
devoir compte à qqn de qqch.
répondre de qqch. (devant qqn)
être comptable à (envers) qqn (de qqch.)
être responsable (de qqch.) devant (envers) qqn
être redevable (de qqch.) à qqn (?)
relever de qqn (?)
v. commitment, progress report

exiger des comptes de qqn
demander compte de qqch. à qqn
tenir qqn (pour) responsable de qqch.
rendre qqn responsable (envers)
rendre plus responsable [to improve accountability] (?)

ACCOUNT OF (ON ___)

grâce à

du fait de

en raison de

à cause de

compte tenu de

sous l'effet de

en vertu de

par suite de

à la suite de

en conséquence (de)

en considération de

eu égard à

au moyen de

à la faveur de

à l'aide de

dans la foulée de (?)

v. basis (on the ___ of),
   channel, instrumental

parce que

puisque

vu

car

comme

attendu que

d'autant que

étant donné que

du fait que

compte tenu du fait que

pour la (bonne) raison que

sous prétexte que

du moment que (où)

dès lors que

dans la mesure où (?)

il s'ensuit que

il en découle que

v. result in

ainsi (donc)

donc

aussi

en effet

d'où

partant

de ce fait

du coup (?)

par conséquent

pour cette raison

pour ces mobiles (motifs; raisons)

c'est pourquoi

comme quoi

moyennant (?)

de par (?)

résultat :

conclusion :

bref : (?)

cause

origine

motif

mobile

fondement

principe

base

début

source

point de départ

explication

pourquoi

raison (d'être)

justification

motivation

prétexte (?)

considérant

attendus

v. purpose, rationale

agent

facteur

catalyseur

initiateur

instigateur

inspirateur

impulsion

incitation

pression

moteur

ressort

v. driving force, incentive

☞

être cause de (que)
être l'auteur de
être la source de
être à l'origine de
être l'artisan de

être pour qqch. dans
n'être pas étranger à

causer
produire
avoir pour effet
provoquer
déterminer
occasionner
entraîner
impliquer
susciter
amener
inspirer
attirer
appeler

inciter à
pousser à
inviter à
contribuer à
conduire à
aboutir à
donner lieu à
donner naissance à
donner l'impulsion à

créer
engendrer
former
faire
faire naître
amorcer
déclencher
allumer
semer
**v. -driven, driving force,
    initiate, involve, result in**

partir de
émaner de
découler de
dériver de
dépendre de
ressortir de
sortir de
provenir de
venir de
naître de
résulter de
s'expliquer par
devoir être attribué à (?)
faire suite à

avoir pour cause
avoir pour origine
avoir son origine dans
tirer son (ses) origine(s) de
prendre sa source dans
prendre naissance dans

être fonction (tributaire; issu) de
être la conséquence (suite) de
être consécutif à
être le résultat de
être la faute de (?)
être attribuable (imputable; dû) à
être mû par
v. depend on, reflect

ACTION

action
acte
activité
fait
geste
oeuvre (?)
agissements (?)
v. exercise

intervention
démarche
initiative
décision
conduite
attitude
v. approach, policy

mesure(s) prise(s)
mesure(s) à prendre
mesure(s) d'exécution
mesure(s)
dispositions
suite donnée
suite à donner
suivi (?)
**v. follow-up, procedure,
    response**

mouvement
mécanisme
mécanique
fonctionnement
exécution
marche
façon d'agir (?)
jeu
travail
effet
action
influence
**v. enforcement,
    implementation**

intrigue
action

combat
action
engagement

procès
action
instance
poursuite
plainte
procédure
v. forum, jurisdiction

agir
intervenir
passer à l'action (à l'acte; aux
    actes)
prendre une initiative (des
    mesures)
faire qqch.
entrer en action

exécuter
mettre à exécution
effectuer
traiter
donner suite à
agir sur
v. deal with

actionner
mettre en action (en jeu; en
    marche; en mouvement; en
    oeuvre; en pratique)
faire fonctionner (agir;
    intervenir; jouer; marcher)
v. develop, operate

actionner
poursuivre
agir contre qqn
aller en justice
introduire une instance
citer (attaquer) en justice
intenter une action en justice
intenter un procès contre (à) qqn
déposer une plainte contre qqn
exercer (engager; entamer;
    intenter) des poursuites
    contre qqn
engager (entamer; intenter;
    introduire) une procédure
    contre qqn
v. initiate

ADDITION (IN ___)

en outre
de plus
en plus (de)
en sus (de)
par surcroît
de surcroît
bien plus
(et) puis
par-dessus le marché
dans le même ordre d'idées

qui plus est
qui pis est
qui mieux est
au demeurant
au surplus
au reste
du reste

et
avec
plus
aussi
ainsi que
de même que
également

par ailleurs
d'ailleurs
d'autre part
d'un autre côté
dans un autre ordre d'idées

outre
sans oublier
sans parler de

outre que
outre le fait que
sans compter que
sans oublier que
ajoutons que
d'autant (plus) que (?)
non seulement ..., mais (encore) ...
v. extension, however, including, increase, increment

AD HOC

spécial
ad hoc
d'exception
de nature particulière
conçu (établi) à cet effet
adapté aux besoins (du moment)
adapté aux circonstances (particulières)
circonstanciel (?)
de circonstance (?)
spécifique (?)
d'espèce [*jur.*]
v. appropriate

ponctuel
improvisé
temporaire (?)
de dernière minute (?)
empirique (?)
v. tentative

sur mesure
selon les besoins
en fonction des besoins
de façon ad hoc
à titre exceptionnel

au coup par coup
au cas par cas (?)
ponctuellement
par des actions ponctuelles
selon l'inspiration du moment
à la va comme je te pousse (?)
v. case-by-case

ADVOCACY

défense des droits (intérêts)
promotion (et défense) des droits
plaidoyer (en faveur de)
appui [*à une cause*]
intervention
parrainage
patronage

propagande
activités de promotion
campagne en faveur de
action revendicatrice (?)
groupe d'action (de pression; de promotion; de revendication;
    d'intervention) [advocacy group]
militantisme (?)

service de représentation [advocacy service]
service d'assistance (judiciaire)

publicité engagée [advocacy advertising]
publicité d'opinion [advocacy advertising]
v. endorse, promote, sponsor

se faire l'avocat (l'apôtre; le champion; le défenseur; le porte-parole) de
défendre (favoriser; plaider; servir) la cause (les intérêts) de qqn
appuyer (soutenir; faire avancer) [*une cause*]
intercéder pour (en faveur de) qqn
défendre ses droits [to be a self-advocate]
faire (prononcer) un plaidoyer en faveur de
plaider en faveur de
prendre fait et cause pour
être partisan (adepte) de
être un fervent partisan de
v. articulate, case (strong ___)

exercer une (des) pression(s) sur qqn (?)
faire pression sur qqn pour (?)
militer en faveur de (?)

recommander (publiquement)
réclamer (publiquement)
prêcher
prôner
préconiser
conseiller
v. support, urge

AFFECT

influer sur
agir sur
porter sur
peser sur
retentir sur
s'exercer sur
exercer une action sur
intervenir dans
avoir une incidence (un
    retentissement) sur
avoir (produire) un effet sur
avoir une (des) répercussion(s)
    sur (dans)
avoir des conséquences sur
    (pour)

changer
modifier
influencer
infléchir
déterminer (?)

viser
concerner
regarder
intéresser
toucher (à)
avoir rapport (trait) à
se rapporter à
**v. concern, deal with, depend
    on, feedback, involve,
    operate, regarding, relate
    to**

porter atteinte à
atteindre
faire tort (du mal) à
nuire à
être nocif pour
être préjudiciable à
porter (causer) préjudice à
avoir un effet nuisible
    (préjudiciable) sur
mettre en péril
compromettre
bouleverser (?)
v. inappropriate, reflect

entraver
retarder
ralentir
contrarier
détériorer
altérer
fausser
déformer
perturber
attaquer
infirmer
léser
amoindrir
appauvrir
affaiblir
alourdir
grever
v. decrease

abattre
émouvoir
ébranler
attendrir
toucher
impressionner
atteindre
frapper
décourager
peser [*à qqn*]
affliger
affecter

to be affected by :

être assujetti à
être visé (concerné; intéressé)
    par
tomber (être) sous le coup de
subir le contrecoup de
ne pas échapper à

souffrir de
être affecté (dérangé; touché;
    ému; atteint) par
être dérangé (importuné;
    incommodé) par
se laisser attendrir par
v. sensitive

AGENDA

programme
plan (d'action)
ordre du jour
stratégie
v. blueprint, design, scheme

orientation(s)
politique(s) (?)
solutions (?)
point de vue
perspective
dimension(s) (?)
orientation éditoriale [*journal.*]
choix des sujets [*journal.*]
v. approach, policy

objectif(s)
but(s)
intention(s)
projet(s)
dessein(s)
volonté(s)
aspirations (?)
idée derrière la tête (?)
v. purpose

préoccupations
intérêts
champ d'intérêts (?)
échiquier (politique) (?)
liste (ordre) des priorités
priorité(s) [high on the agenda]
avoir l'initiative [to set the
    agenda]
v. concern

choses (travail) à faire
activités (à venir; proposées)
série de questions (de demandes;
    d'éléments) (à examiner)
calendrier (de travail; des
    activités)
emploi du temps
agenda
dossier (faire progresser le ___)
    [to advance the agenda]
film des événements [agenda of
    events] (?)
v. issue, outstanding, schedule

to have a hidden (secret) agenda :

avoir des intentions cachées
suivre un scénario caché
avoir une idée (des intentions) derrière la tête
avoir des arrière-pensées
[*agir*] sans arrière-pensée [with no hidden agenda]
avoir (poursuivre) un but (des objectifs) non avoué(s)
avoir des desseins secrets
avoir un agenda (ordre du jour) secret (?)

AGGRESSIVE

dynamique
énergique
vigoureux
actif
agissant
accrocheur
battant (?)
efficace (?)
v. articulate, emphasis

ambitieux
hardi
courageux
entreprenant
remuant (?)
militant
v. entrepreneurship, gumption

ferme
déterminé
décidé
résolu
assuré
tenace
v. commitment

offensif
combatif
farouche
agressif
belliqueux
bagarreur

APPARENT

évident
manifeste
apparent
visible
tangible
palpable
sensible
perceptible
flagrant (?)
criant (?)
ostensible (?)
patent (?)
notoire (?)
v. exposure

clair
limpide
transparent (?)
directement accessible (?)
v. articulate, self-evident

apparent
supposé
de surface
v. assumption

être visible
être évident (clair)
se manifester
se montrer
transparaître
ressortir
s'offrir à la vue
sauter aux yeux
tomber sous le sens
v. high profile

paraître
apparaître
sembler
avoir l'air
v. emerging, likely

APPRAISAL

estimation
appréciation
évaluation
valorisation [*compt.*]
établissement de la valeur de
attribution d'une valeur
calcul
mesure

expertise
avis d'expert
évaluation à dire d'expert

jugement
notation
critique
bilan (?)
diagnostic (?)
évaluation du rendement
évaluation du personnel

examen (étude; évaluation) préalable
analyse (évaluation) préliminaire
pré-évaluation (?)
v. canvassing, screening

estimer [*le prix, la valeur de*]
faire une estimation (l'estimation) de
apprécier
évaluer
valoriser [*compt.*]
fixer (donner) un prix
supputer
chiffrer
coter
tarifer

expertiser

juger
porter un jugement sur
jauger (?)
peser
soupeser

APPROACH

méthode
démarche
solution
formule
processus
procédé
manoeuvre
technique
moyen (d'action)
manière de traiter (résoudre) la
    question
façon de procéder (de s'y
    prendre)
**v. action, channel, deal with,
    procedure, scheme, system**

approche
perspective
éclairage
esprit
politique
ligne de conduite
parti (à prendre)
point de vue
orientation
attitude
position
conception
vision
optique
axe [*de recherche, de réflexion*]
angle d'approche (d'attaque)
mode d'action
façon de présenter [*un sujet*]
manière d'envisager (d'aborder;
    de concevoir) la question
**v. agenda, assumption,
    framework, policy**

avances
ouvertures
proposition
travaux d'approche (?)
tentative de solution (?)
v. contact, tentative

amorce
entrée en matière
introduction à l'étude de

venue
arrivée
approche

abords
approches
accès
voie (rampe) d'accès
entrée
avenue
chemin (menant à)

APPROPRIATE

approprié (à)
adéquat
pertinent
adapté (à)
assorti (à)
ajusté (à)
congruent (à)
proportionné (à)
bien choisi
conforme à
propre à
digne de
de circonstance
ad hoc

compétent
intéressé
concerné
idoine (?)
capable
à la hauteur

satisfaisant
acceptable
valable
suffisant
normal
régulier
raisonnable
correct
exact
complet
bien
comme il faut

bon
avantageux
bénéfique
profitable
utile
efficace
bienfaisant
salutaire
heureux

judicieux
rationnel
équilibré
éclairé
sensé
avisé
sage
sain
(bien) pensé

indiqué
opportun
propice (à)
expédient (?)
favorable
convenable
commode
pratique
bienvenu
à propos
voulu
requis
prescrit

fondé
légitime
justifié
nécessaire
juste
équitable
**v. ad hoc, articulate, clearance,
consistently, if necessary,
match, meaningful,
opportunity, responsive,
timely**
cf. inappropriate

ARM'S LENGTH (AT ___)

sans lien de dépendance
en toute indépendance
de façon (vraiment) indépendante
entre parties indépendantes

sur un pied d'égalité
sur le même pied
de plain-pied avec (?)
d'égal à égal
à armes égales
v. level playing field

aux conditions (normales) du marché
au prix du marché
dans les conditions normales du commerce (de la concurrence)
sur une base purement (strictement) commerciale
de pleine concurrence
en (pleine) concurrence
v. non-concessional

avec des tiers (?)
à l'extérieur (?)

indépendance
autonomie
absence de collusion (d'influence) (?)
v. self-reliance

concurrence libre
conditions de pleine concurrence
conditions purement commerciales
prix normal (du marché) [arm's length price]
v. competing

demeurer indépendant
n'avoir aucun lien de dépendance
prendre (conserver; garder) ses distances
tenir à distance

ne pas transiger (?)
ne pas faire de concessions (?)

arm's length principle :

principe de l'indépendance (des parties)
principe d'autonomie
principe de la pleine concurrence
principe de l'entreprise séparée (indépendante)

ARTICULATE

éloquent
disert
convaincant
persuasif
précis (et clair)
explicite
capable de s'exprimer
v. case (strong ___), delivery

clair
net
clair et net
parfaitement clair
limpide
lumineux
expressif
éloquent
explicite
précis
distinct
bien formulé (présenté)
bien articulé (construit) (?)
v. apparent, emphasis, meaningful

savoir s'exprimer
s'exprimer bien (clairement; en termes éloquents; sans équivoque)
s'exprimer avec aisance (facilité; clarté)
s'exprimer à la perfection (?)
avoir le don de la parole
avoir la parole facile
avoir les idées claires (?)
parler avec éloquence (éloquemment)
être un bon communicateur (orateur; tribun)
v. advocacy, aggressive

AS RECENTLY (LATE) AS

pas plus tard que (qu'en) ...
tout récemment (dernièrement), en ...
naguère encore, en ...
encore récemment, en ...
jusqu'à (en) ... encore
encore [*ce matin, hier, le mois dernier, en 1990, etc.*]
v. develop

ASSUMPTION [*a taking for granted; supposition*]

supposition
hypothèse
conjecture
présomption
conception
notion
prémisse
postulat
présupposé
a priori (?)
sentiment général [general
    assumption] (?)
assertion (?)
prévision (?)
v. approach

croire
penser
supposer
admettre (comme vrai)
présumer que
présupposer que
partir du principe que
tenir pour acquis (établi; vrai)
considérer comme admis (acquis)
supposons (disons; mettons) que
    [let us assume that]
v. say, suggest

présumé
supposé
présupposé
admis
réputé
hypothétique
théorique (?)
v. provide (provided)

AUTHORITY

pouvoir
autorité
droit (d'agir)
compétence
ressort
qualité (avoir ___ pour)
v. control, governance

délégation de pouvoir(s)
mandat
attributions
ordre(s) (?)
autorisation
habilitation
v. empower, jurisdiction

autorisation
document (loi) autorisant ...
document (loi) habilitant(e)
fondement législatif (?)
document (texte) invoqué
document (texte) d'autorisation
document (texte) de référence
texte (document) faisant autorité
texte officiel
texte de base
source
jurisprudence
v. certificate, clearance

ascendant
domination
influence
poids
force
assurance
autorité (de la chose jugée)
v. clout, leverage

autorité
administration
instance
régie
office
service
pouvoirs publics [public
    authorities]
signataire autorisé [signing
    authority]
organisme (personne)
    responsable
qui de droit
patron (?)
maître (?)
**v. leader, officers, officials,
    senior**

autorité
compétence
expert
spécialiste
v. scholar

AVAILABLE

disponible [*pers. ou chose*]
dont on dispose
à la disposition de
existant

offert
en vente chez
sur le marché
liquide (argent ___)

libre [*pers. ou chose*]
vacant
inoccupé
ouvert
à pourvoir (poste ___)
v. opportunity

utilisable
habitable
mobilisable
possible
accessible
communicable

pouvoir obtenir (demander;
    choisir)
disposer (bénéficier) de

être distribué (diffusé;
    communiqué; offert; assuré;
    proposé)
v. provide

être prêt à travailler (servir)
être (mettre) à la disposition de

unavailable :

indisponible
non (pas) disponible

pas libre
occupé

épuisé
impossible à obtenir
non communiqué (distribué;
    fourni; etc.)
non connu

inutilisable
inaccessible

ne pas pouvoir obtenir (choisir;
    etc.)

ne pas être disponible (libre;
    offert; etc.)
faire défaut
v. scarce

ne pas être prêt à travailler
    (servir)
se refuser à

AWARE

être au courant (au fait) de
être informé (averti; avisé; instruit; prévenu) de
être (bien) renseigné
être sensibilisé à
être conscient de
être conscientisé (?)
être éclairé (?)
v. -gender, responsive, sensitive, sophisticated

avoir conscience (connaissance) de
prendre conscience de
se rendre compte de
connaître (le dossier)
savoir
ne pas ignorer
percevoir
sentir
s'apercevoir de
voir clair (?)
savoir à quoi s'en tenir (?)
savoir (comprendre) de quoi il retourne (?)
v. empower, monitor

sensibilisation
conscientisation
(prise de) conscience
sensibilité (à)

BACKGROUND

contexte
toile de fond
arrière-plan
fond
trame
décor
champ
cadre
milieu (social; socioculturel)
horizons divers [varied
    backgrounds]
situation (générale)
circonstances (?)
background (?)
v. framework

climat
ambiance
atmosphère
éclairage
perspective
v. environment

historique
genèse
évolution (générale)
point de départ
origine
base
introduction (?)
v. basis (on the ___ of)

renseignements généraux
notions (informations) générales
données (document;
    documentation;
    renseignements) de base
rappel (des faits)
données explicatives
explications
raisons
état de la question (de la
    situation; du dossier)
dossier
éléments d'appréciation
coordonnées (?)
**v. brief, kit, overview, progress
    report**

bagage
antécédents
culture (générale)
héritage (culturel) (?)
acquis (?)
formation
expérience
connaissances générales
v. track record

backgrounder :

séance d'information

document d'information (de
    base; de référence; de
    travail)
documentation [background
    material]
aide-mémoire (?)
fiche documentaire
    (d'information)
article (étude; données)
    documentaire(s)
note (notice) explicative
notice biographique [background
    summary]

BACKLASH

réaction (brutale; violente)
contrecoup
contrechoc
choc en retour
retour de bâton (de flamme; de manivelle)
effet en retour
effet boomerang
répercussion
ressac
ricochet
rebond (?)
retentissement
retombées (?)
v. feedback, response, result in

recul
retour
jeu
battement (?)
secousse
saccade (?)

BACKUP ...

de soutien
d'appui
de renfort
de renforcement

d'appoint
de relève
de remplacement
de substitution
de rechange
de réserve

de secours
d'urgence
de sécurité
de sauvegarde
v. support

supplémentaire
auxiliaire
remplaçant
suppléant
substitutif
secondaire (?)
alternatif (?)

en double
en réserve
v. duplication

BASIS (ON THE ___ OF)

en vertu de
conformément à
en conformité de
aux termes de
au titre de
en exécution de
en application de
au nom de
en invoquant (?)
selon les modalités de
sous le régime de

suivant
selon
d'après
à [*ex. : à l'heure; à la semaine*]

en raison de
en conséquence de
par suite de
à la suite de
à partir de
sur la base de
sur la foi de
sur le pied de
en s'appuyant (se fondant) sur
en prenant pour base
en partant du principe que
fort de
cela étant

du point de vue de
selon la perspective de
à la lumière de
sous le rapport de
à en juger par
dans le cadre de (?)
dans le contexte de (?)
axé sur (?)

en fonction de
compte tenu de
en tenant compte de
en considération de
eu égard à
par rapport à
en comparaison de (avec)

en (à; dans la) proportion de
au prorata de
à l'échelle de
à raison de
par référence à
au gré de (?)

de nature [+ *adj.*]
sur le plan [+ *adj.*]
de façon [+ *adj.*]
sur une base [+ *adj.*]
**v. account of (on ___),
background, depend on,
-oriented, purpose,
rationale, regarding,
response, result in, within**

BLUEPRINT

bleu
ferro
épreuve (de contrôle)

plan (détaillé; précis)
planification détaillée [blueprint planning]
devis (?)

schéma
esquisse
canevas
épure
ébauche
avant-projet
projet
prototype (?)
document provisoire (?)
v. design, framework, tentative

cadre (plan) d'action (de travail)
loi-cadre [blueprint act]
base
modèle
stratégie
propositions (?)
plan (schéma) directeur
schéma (plan) d'exécution
dossier d'exécution (?)
politique (?)
v. agenda, schedule, scheme

approche «figée» [«blueprint» approach]
«tatillon» [blueprint-oriented]

BOTTOM LINE

résultat (net; final)
total
bilan
conclusion
v. result in

point (considération; question)
    fondamental(e)
facteur (élément) décisif
principe(-)clé
(l') essentiel
vrai problème
préoccupation première
v. core, focus, issue, rationale

limite
dernière offre

premier
dernier
final
définitif
sans appel

pragmatique
réaliste
axé sur des résultats (?)

ce qui importe (le plus), c'est
l'important (l'essentiel) est de
la vérité, c'est que
seul compte ... (?)
c'est tout ! (?)
il reste que
reste que (?)
il n'en reste pas moins que
toujours est-il que (?)

en dernière analyse (instance (?))
en fin de compte
au bout du compte
tout compte fait
tout bien considéré (pesé)
en définitive
après tout
au fond
au total
somme toute
en somme

en conclusion
en résumé (?)
en réalité
au demeurant (?)
de toute façon (?)
en tout cas (?)
à la limite (?)

fondamentalement
essentiellement
finalement
v. if anything

BRAINSTORMING

remue-méninges
brainstorming (?)
production (recherche) d'idées
prospection d'idées (?)

réunion (séance) de remue-méninges (de production d'idées)
réunion créative (de créativité)
v. forum

BRIEF (-ING)

mettre au courant (au fait)
communiquer les informations
    (renseignements) nécessaires
donner des instructions
    (directives; ordres)
confier une tâche (mission)
renseigner
informer
expliquer
instruire [*qqn de qqch.*]
exposer [*une mission*]
v. debriefing, suggest

réunion (séance) d'information
séance d'instructions
    (d'orientation)
réunion préparatoire
briefing (?)
breffage (?)

informations (préalables)
instructions
directives
indications
explications
recommandations (?)
v. background

orientation
initiation
présentation

mémoire
précis
abrégé
sommaire
résumé (des faits)
exposé rapide (bref; en bref)
aperçu
grandes lignes
aide-mémoire (?)
v. overview

d'information [*ex. : cahier* ___;
    document ___; *dossier* ___;
    fiche ___; *note* ___]
de documentation
documentaire
de synthèse
de référence (?)
v. kit

préparatoire
d'orientation
d'initiation
d'adaptation (?)
d'acclimatation (?)

BUILT-IN

incorporé
intégré
encastré
compris dans
embarqué [*à bord d'un véhicule*]
couplé (télémètre ___)
central (aspirateur ___)
v. package

fixe
fixé sur
fixé à demeure
ancré
v. non-detachable

structurel
structural
organique

inhérent
intrinsèque
implicite
endogène
interne
inné
congénital (?)

latent (?)
caché (?)
occulte (?)

automatique
auto- [*ex. : autosurveillance;
    autotest; autovérification*]
systématique

prédéfini
préengagé
préprogrammé
préinstitué

entrer dans
faire partie intégrante de
v. including, involve, within

built-in obsolescence :

obsolescence incorporée
    (calculée; planifiée;
    programmée)
vieillissement calculé
vieillesse (décrépitude;
    désuétude; vétusté)
    prématurée (du produit)

qualité délibérément altérée (?)
vice (défaut) de fabrication voulu
    (délibéré) (?)

CANVASSING

examen minutieux (en
    profondeur)
exploration
discussion
étude de dossier
vérification
dépouillement (du scrutin; des
    suffrages; des votes)
pointage [*des électeurs*]
**v. appraisal, comprehensive,
    screening**

campagne (tournée) électorale
démarchage électoral
propagande électorale (?)

sollicitation
prospection
démarchage
recherche de (nouveaux) clients
porte-à-porte
vente à domicile

sondage d'opinion [canvassing of
    opinion]

examiner de près (à fond;
    minutieusement)
discuter (à fond)
critiquer
débattre
passer au crible
éplucher
disséquer
dépouiller
vérifier
pointer
dénombrer

faire campagne
faire une tournée électorale
faire du démarchage électoral
    (dans)
briguer (solliciter) les suffrages
solliciter la voix (le soutien; le
    suffrage) de
visiter les électeurs
v. constituency

prospecter
solliciter la clientèle (les
    commandes de)
visiter le client (la clientèle)
faire la place
démarcher (un client)

entreprendre (faire) des
    démarches auprès de qqn (?)
demander qqch. pour qqn (?)
s'entremettre pour qqn (?)
v. contact

CARE

se soucier de
se préoccuper de
s'inquiéter de
s'intéresser à
se pencher sur
être sensible à
être (se sentir) concerné par
s'en faire (?)
v. relate to

se charger de
s'occuper de
veiller à
entretenir
garder
ménager [*ses forces, sa santé*]
v. deal with

soigner
apporter du soin à
faire qqch. avec soin
prendre garde à (de; que)
faire attention à

aimer
apprécier
prendre (avoir) qqch. à coeur
avoir un penchant pour
être attaché à
tenir à
vouloir
être disposé à
v. commitment

[*qqch.*] importer à qqn
plaire à qqn
faire qqch. à qqn (?)

soigner
traiter
prendre (avoir) soin de
donner des soins
entourer (de soins)
accompagner (?)
s'occuper de qqn (avec attention
        (affection; amour;
            bienveillance; sollicitude))
veiller sur
aider (ses semblables) (?)
être en sympathie avec qqn
compatir (à)
v. support

souci
ennui
inquiétude
préoccupation
v. concern

soin
charge
responsabilité
assistance
protection
garde
entretien
prise en charge
traitement
surveillance
tenue
v. maintain

attention
intérêt
soins attentifs (assidus;
    continuels)
diligence (?)
vigilance
précaution(s)
ménagement
douceur (?)

souci des autres
soutien désintéressé
soutien émotif
appui moral
attitude d'écoute (?)
ouverture à l'autre (?)
empathie (?)
sympathie
sensibilité à la douleur d'autrui (?)
accompagnement (affectif; moral; physique; psychologique; spirituel) (?)
présence et soins (?)
altruisme (?)
société compatissante (bienveillante; chaleureuse; humaine; humanitaire)
    [caring society]
v. community, goodwill, sensitive

CASE (STRONG __)

bonne cause
bon dossier
dossier étoffé

arguments (moyens) convaincants (éloquents; forts; persuasifs; probants;
    sérieux; solides)
v. articulate, meaningful

disposer d'arguments (de moyens) solides
présenter de bons arguments en faveur de
apporter de bons arguments (à la thèse selon laquelle ...) (?)
avoir beaucoup à dire en faveur de (contre)
prononcer (faire) un vibrant plaidoyer en faveur de (contre) (?)
fournir de bonnes explications (raisons)
exposer (montrer) sous un jour (très) favorable (?)
recommander très chaudement
v. advocacy

bien expliquer pourquoi ...
bien défendre [*qqn, une idée*]
bien présenter le point de vue (le dossier) de

justifier nettement
démontrer amplement (clairement; largement; sans ambiguïté) la nécessité
    (la légitimité; le bien-fondé) de

il est amplement justifié de penser que
il y a de bonnes raisons pour
de nombreux témoignages révèlent (démontrent; font ressortir) que (?)
les faits démontrent largement que (?)
v. documented

CASE-BY-CASE ...

au coup par coup
(au) cas par cas (?)
de façon ponctuelle
par des mesures (actions)
    ponctuelles
par tâtonnement(s) (?)
v. ad hoc

un à un
tour à tour
individuellement
séparément

chaque ...
individualisé
empirique [case-by-case
    approach] (?)

CERTIFICATE

attestation
certificat
acte
titre
pièce
document
déclaration
extrait (de baptême; de naissance)
procès-verbal (?)
fiche (?)
bulletin
relevé
reçu (?)
quittance (?)
reconnaissance
récépissé
lettre (?)
billet
effet
bon
v. documented

certificat
diplôme
brevet
titre
permis
autorisation
laissez-passer (?)
v. authority, clearance

CHALLENGE

défier (de)
lancer (adresser; jeter) un défi à
mettre au défi de
jeter le gant à
provoquer
mettre à l'épreuve
mettre en demeure
sommer de
exiger

interpeller
appeler
attirer
solliciter
engager à
inviter à

exciter la curiosité
tenir en haleine
susciter l'intérêt
stimuler l'imagination

contester
protester contre
mettre (remettre) en question
mettre en doute (en cause)
douter de
en appeler de
relever [*une affirmation*]
reprendre
discuter
raisonner
répliquer
récuser
réprouver
refuser de reconnaître
s'inscrire en faux contre
démentir
nier

lutter contre
faire obstacle à
disputer qqch. à qqn
s'opposer à
attaquer

relever le gant [to take up the
    challenge]
accepter (relever) le défi
entrer dans la course
se mesurer à (avec)
essayer de s'emparer de
v. competing

être (se montrer) à la hauteur de
    la tâche (des circonstances)
    [to rise to the challenge]
ne pas reculer devant qqch.
prendre le taureau par les
    cornes (?)
surmonter (vaincre) l'obstacle
se dépasser
**v. commitment,
    entrepreneurship**

défi (à relever)
pari (à tenir)
gageure
enjeu
challenge (?)
provocation
mise en demeure
sommation

appel (à l'action)
interpellation
incitation (à agir)
stimulation
nécessité d'agir
impératif
priorité
v. opportunity

mission (à remplir)
tâche (à accomplir)
oeuvre (à exécuter)
but (objectif) (à atteindre)
échéance (à respecter)
responsabilité (à assumer)
tentative pour (en vue de)
v. purpose

problème (à résoudre)
difficulté (à surmonter)
obstacle (à vaincre)
combat (à livrer)
bataille (à gagner)
sommet (à conquérir)
cap (à dépasser; à doubler; à
    franchir; à passer)
v. issue

entreprise difficile
opération ardue
exercice délicat
tour de force
exploit
performance (?)
prouesse

contestation
protestation
objection
opposition
attaque
récusation

contrainte
pression
circonstances critiques
exigences [*d'une tâche*]
adaptation nécessaire

risque
menace
danger
écueil
obstacle
embûche
piège
épreuve
problématique

provocant
provocateur
engageant
invitant

stimulant
excitant
inspirant
motivant
exaltant
fascinant
prenant
mystérieux
ambitieux (?)

hasardeux
problématique
risqué
délicat
ardu
difficile
difficile, mais motivant
exigeant
à la fois exigeant et stimulant
v. incentive, sensitive

CHANNEL

canal
voie (d'accès; de communication;
    de passage)
avenue
filière
circuit
chaîne [*télécomm.*]
réseau
courant
cours
direction
v. pattern, system

moyen (d'expression)
instrument
outil
voie
mode
agent (?)
liaison (?)
truchement
entremise
intermédiaire
courroie de transmission (?)
véhicule
vecteur
biais (?)
**v. approach, delivery,
    procedure**

débouché
marché
v. opportunity

par l'entremise (le canal; le
    truchement; l'intermédiaire)
    de
via (?)
par
par le (au) moyen de
à l'aide de
**v. account of (on ___),
    instrumental**

canaliser
orienter
aiguiller
diriger
infléchir vers
concentrer sur (vers)
drainer vers (au profit de)
mobiliser pour (en vue de)
coordonner (?)
organiser (?)
v. concentrate on, focus

acheminer
envoyer
distribuer
répartir

affecter
allouer
confier
v. provide

CLEARANCE

autorisation [*de circuler, de
    décoller, de sécurité, de vol,
    etc.*]
approbation
agrément
habilitation
acceptation
assentiment
consentement
acquiescement
permission
accord
clairance (?)
sanction
adhésion
entérinement
confirmation
ratification
**v. appropriate, authority,
    empower**

permis [*de circulation, d'entrée,
    de sortie, de transiter, etc.*]
déclaration
attestation
signature (?)
certificat
décharge
congé
quittance
acquit
v. certificate, endorse

formalités
contrôle (?)
dédouanement
affranchissement
compensation
libération
départ (?)
v. control

approuvé par
vérifié par
en règle

liquidation
solde
vente au rabais
écoulement (?)
réalisation (du stock) (?)

dégagement
déblayage
déblaiement
désengorgement [*d'un marché*]
défrichement
abattage
démolition
quartier à démolir [clearance
    area]
nettoyage
nettoiement
épuration
évacuation
enlèvement
élimination
effacement
annulation
suppression
v. dispose of

garde (au sol)
dégagement
espace libre
hauteur (libre; maximale)
place
tirant d'air (?)
gabarit
encombrement (?)
débattement
écartement
voie
chasse
jeu
jour (?)
marge
intervalle
creux
passage

CLOUT

influence (auprès de; sur)
pouvoir
puissance (politique)
poids
crédit
empire
ascendant
v. authority, driving force, leverage

avoir du poids
peser (lourd) dans la balance
avoir le bras long
avoir beaucoup d'influence
avoir de l'impact (?)
faire la pluie et le beau temps (?)
être une grosse légume (un gros bonnet) (?)
être dans les huiles (une huile) (?)
avoir des relations (?)
être un homme de l'appareil (?)
être l'éminence grise de (?)
pistonner (?)
v. control

influent
puissant
de poids
important
v. decision maker, leader, senior

COMMITMENT [*pledge, obligation; dedication to a course of action*]

engagement
promesse
obligation(s)
responsabilité(s)
charge
mandat
mission
vocation (?)
tâche
objectif
v. purpose

détermination
attachement (adhésion) aux
    principes de
dévouement (à la cause)
ardeur au travail
empressement
effort(s)
motivation(s)
volonté
intérêt
ferveur
fidélité à qqch. (?)
foi dans qqch. (?)
conviction (?)
certitude (?)
v. dedication

résolu (à)
déterminé (à)
décidé (à)
convaincu
engagé
dévoué
fervent
acquis à
gagné à
attaché à
soucieux de
partisan de
v. aggressive
cf. non-committal

s'engager
promettre
se donner pour tâche de

être tenu de
être pris pour (?)

maintenir son engagement à
    l'égard de [*qqn, qqch.*]
respecter (remplir; tenir) son
    (ses) engagement(s)
faire face à ses obligations
tenir parole [to meet a
    commitment]
v. accountability, challenge

avoir (prendre) à coeur
[*qqch.*] tenir à coeur [*à qqn*]
tenir à (au succès de)
se montrer (se dire) résolu à
avoir la ferme intention de
entendre faire qqch.
se sentir motivé
se faire un devoir de
se vouer à
s'appliquer à
s'attacher à
s'efforcer de
s'employer à
se consacrer à
chercher à (?)
oeuvrer pour (?)
prendre qqch. au sérieux (?)
être sérieux
souscrire à (au principe de)
s'intéresser de près à (?)
apporter un appui substantiel
    à (?)
v. care, concentrate on,
    concern, endorse, involve,
    -oriented

COMMUNITY

communauté
collectivité
groupe
groupement
corps
ensemble
association
organisme
ordre [*religieux*]
classe
famille
milieu(x)
monde [*étudiant, des affaires, du
     travail, etc.*]
industrie (l' ___) (?)
v. constituency

société
public
population
citoyens
habitants
gens (?)

localité
agglomération
ville
village
quartier
endroit (?)
entourage (?)
État (?)
nation
patrie
colonie (?)
**v. grass-roots, jurisdiction,
     polity**

unité
communauté
identité [*de vues*]
concert [*des nations*]
solidarité (?)

communautaire
de (la) communauté
de (de la; des) collectivité(s)
commun
d'ensemble
collectif
social
associatif
intégré (?)
général

public
populaire
de réunion (rencontre)
de ralliement (?)
grégaire (?)
en choeur (?)

municipal
urbain
communal (?)
local
d'initiative locale
régional
de village
de voisinage

de charité
de bienfaisance
de solidarité
de corps (esprit ___) [community
     spirit]
d'assistance publique (?)
d'éducation populaire (?)
de la culture (?)
socioculturel
de loisirs
civique
altruiste (?)
voué au bien commun (?)
au service de la collectivité
d'intérêt général (collectif;
     public)
d'utilité collective
**v. care, goodwill, self-help,
     self-reliance**

COMPETING ...

concurrents
concurrentiels
rivaux
adverses
opposés
contraires
antagonistes
antagoniques
antinomiques (?)
contradictoires
divergents
incompatibles
inconciliables

en concurrence
se faisant concurrence
de camps opposés
en compétition
en rivalité
en opposition
en conflit
en lutte
en présence
en lice
sur les rangs
v. arm's length (at ___), challenge

rivalité (divergence) d'intérêts
choc d'opinions (d'idées; d'intérêts)
diversité (multiplicité; pluralité) de demandes
confrontation (?)
v. scarce

COMPLY WITH

respecter
observer
suivre
appliquer
exécuter
remplir
accomplir
accepter
v. implementation

accéder à
consentir à
acquiescer (à)
déférer à [*qqch.*]
condescendre à (?)
céder à
obéir (à)
obtempérer (à)
faire droit à
faire face à (?)
satisfaire (à)
donner satisfaction à
v. goodwill

répondre à
correspondre à
concorder avec
être conforme à
rester dans les limites de (?)
v. match

s'acquitter de
se conformer à
se plier à
se rendre à
se soumettre (à)
s'accommoder à (?)
s'exécuter (?)
cf. non-compliance

observation
conformité
application
exécution
respect [*des autorisations, des exigences, des normes, des obligations, etc.*]
consentement
acquiescement (à)
obéissance (à)
soumission (à)
observance (?)
régularité (?)
v. enforcement

soumission
complaisance
servilité
docilité

échéancier [compliance schedule]
service de contrôle [compliance service]
v. schedule

conformément à
en conformité avec
en accord avec
suivant
selon
v. consistently, within

COMPONENT

partie (constituante; constitutive;
    intégrante)
élément (constituant; constitutif)
composant
composante
constituant (?)
pièce (détachée)
part
portion (?)
parcelle (?)
segment (?)
morceau
fragment
fraction
ingrédient
facteur
v. input

volet
module
section
secteur (?)
groupe (?)
cellule
organe
division
subdivision
facette (?)
étape (?)
phase (?)

constituant
constitutif
intégrant
composant (?)
fractionné
subdivisé
partiel
fragmentaire

particulier (?)
de détail (?)
factoriel (?)

COMPREHENSIVE

complet
exhaustif
intégral
total
global
d'ensemble
universel
général
de portée générale
généralisé (?)
synthétique (?)
de synthèse (?)
v. corporate

portant sur tous les aspects
s'appliquant à l'ensemble
qui renferme (embrasse;
    s'applique à) tout
tous azimuts (?)
urbi et orbi (?)
de fond en comble
v. full-scale, open-ended

(très) vaste
(très) large
(très) étendu
d'envergure
d'une (de) grande portée
encyclopédique
approfondi
(bien) étoffé
riche
abondant
fouillé
poussé
élaboré (?)
circonstancié
détaillé
complet et détaillé
minutieux (?)
v. major

polyvalent
intégré
combiné
non sélectif (?)
non spécialisé (?)
collectif (?)
multiple
multi- (?)
v. built-in, including

multirisque (assurance ___)
    [comprehensive insurance]
risques multiples
tous risques

CONCENTRATE ON

se concentrer sur
s'attacher à
s'appliquer à
se consacrer à
s'adonner à (?)
se pencher sur
se focaliser sur
se spécialiser dans
s'occuper d'abord (en particulier; seulement) de
s'intéresser surtout (au premier chef) à

concentrer ses efforts (son attention; son énergie; son esprit) sur
centrer (fixer; focaliser; porter) son attention (son effort) sur
focaliser l'esprit (l'attention; l'intérêt) de qqn sur
orienter l'attention de qqn sur
faire porter (converger) sur (?)
essayer avant tout de
traiter surtout (en particulier) de
accorder une importance particulière à
privilégier
**v. channel, commitment, deal with, dedication, emphasis, focus,
   involve, -oriented, purpose**

être axé sur
porter principalement sur
viser essentiellement

CONCERN [*worry, anxiety, uncertainty; interest in or regard for a person or thing; matter for consideration*]

préoccupation
souci
crainte
anxiété
appréhension
inquiétude
peine
embarras
difficulté(s)
consternation [deep concern] (?)

incertitude
réserve(s)
doute

intérêt
importance
attention
soin
sollicitude
compassion (?)
dévouement (?)

considération
remarque (?)
objection (?)
observation
point soulevé
question
problème
impératif (?)
nécessité (?)
dossier
affaire
v. issue

s'inquiéter de
être inquiet de
se préoccuper de
se soucier de
se faire du souci pour
s'alarmer de
redouter
craindre

faire (émettre) des réserves sur
douter de
s'étonner de (?)
s'interroger sur
se demander si (?)
être surpris de (?)
[*qqch.*] laisser (rendre) qqn
    perplexe (songeur)

s'occuper de
être (particulièrement) attentif à
s'intéresser (vivement) à
prendre part à
ne pas être indifférent à
ne pas perdre de vue qqch.
trouver qqch. important
[*qqch.*] concerner (importer à;
    intéresser; regarder;
    toucher) qqn
chercher à
vouloir (surtout) qqch. (?)
**v. agenda, care, commitment,
    deal with, relate to**

intéressé
concerné
visé
touché
pertinent
en cause (en jeu; en question)
dont il s'agit
compétent
qui de droit
v. affect, involve

préoccupé
engagé (?)
soucieux
inquiet
affecté
perturbé
ébranlé
troublé
déçu (?)
problématique (?)
v. -oriented, sensitive

CONSISTENTLY

constamment	courant
couramment	constant
habituellement	continu
généralement	continuel
en règle générale	habituel
en général	soutenu
ordinairement	fréquent
d'ordinaire	incessant
à l'ordinaire	persistant
communément	persévérant
régulièrement	fidèle
(le plus) souvent	régulier
fréquemment	suivi
continuellement	répété (?)
avec persistance	**v. core, dedication, focus, maintain**

uniformément
systématiquement   homogène
assidûment   uniforme
obstinément (?)   invariable
opiniâtrement (?)   indéfectible (?)
invariablement   ininterrompu
immanquablement   **v. pattern**
toujours (?)
tout au long de   cohérent
à tout moment   conséquent
à tous moments   logique
à longueur de journée (?)   qui se tient
bon an mal an (?)   **v. appropriate**
sur toute la ligne (?)
de la même manière   compatible (avec)

sans arrêt   conforme (à)
sans cesse   cadrant avec
sans trêve   s'harmonisant avec (à)
sans répit   correspondant à
sans relâche   concordant (avec)
sans exception   **v. match**
v. non-stop

conformément à
en conformité avec
en harmonie avec
en accord avec
v. comply with

CONSTITUENCY

électeurs
électorat
collège électoral
clientèle électorale
habitants (électeurs) de la
    circonscription
votants
mandants
commettants (?)
v. canvassing, grass-roots

circonscription (électorale)
comté

pays [*que représente ...*]
pays représenté(s)
groupe de pays
v. jurisdiction, membership

clientèle
public cible (?)
groupe desservi (?)
groupe d'intérêt(s) (?)
groupe de population (?)
groupe de partisans
adhérents
gens (?)
collectivité
milieu
secteur
base politique et économique (?)
v. community

CONTACT

relation
connaissance
interlocuteur
correspondant
personne-ressource (?)
personne à demander (contacter) (?)
personne responsable (?)
agent de liaison
intermédiaire
informateur (?)
contact

pour renseignements : [*suivi d'un nom, d'un n° de téléphone ou d'une
    adresse*]
contactez : (?)
noms et adresses utiles [contact list]

être (se mettre) en rapport (en relation(s)) avec
se mettre (entrer; rester) en contact (en communication) avec
prendre (garder; perdre) contact avec
communiquer avec
contacter
joindre
v. approach, canvassing, relate to

CONTROL

diriger
conduire
commander
gouverner
présider (à)
décider de
administrer
gérer
encadrer
mener
régir
dominer
chapeauter
manoeuvrer
agir sur (?)
s'emparer de
tenir
maîtriser
contrôler
**v. deal with, -driven,
    governance, operate**

être à (prendre) la tête de
tenir (saisir) les commandes (le
    gouvernail; les rênes)
avoir (garder) la maîtrise de
être (rester; se rendre) maître de
exercer sa suprématie sur
établir sa domination sur
mettre bon ordre à
se faire obéir de
assumer (prendre) la direction de
être majoritaire dans (?)
avoir (bien) en main
avoir la haute main sur
avoir prise sur
avoir de l'autorité (de
    l'ascendant; de l'empire) sur
avoir (prendre) barre sur
avoir sous sa coupe
v. authority, clout, leader

régulariser
réguler
régler
réglementer
équilibrer
canaliser
discipliner

contrôler
vérifier
surveiller
exercer une surveillance sur
inspecter
examiner
avoir droit de regard sur
**v. clearance, monitor,
    screening**

restreindre
limiter
réduire
modérer
calmer
refréner
freiner
mettre un frein à
contenir
tenir
tenir en bride
serrer (tenir) la bride à
retenir
arrêter
juguler
endiguer
circonscrire
localiser
enrayer
v. decrease

combattre
lutter contre
prévenir
réprimer
dompter
asservir
neutraliser
soumettre
faire échec à
mettre (tenir) en échec
ne pas céder à
v. preempt

CORE

noyau
coeur
moelle
substance
fond
essence
essentiel
centre
partie centrale (essentielle; la
    plus importante)
v. focus

jusqu'à l'os
jusqu'à la moelle
jusqu'à la moelle des os
jusqu'au bout des ongles
jusqu'au fond de l'âme
foncièrement ...
v. within

principal
central
essentiel
prioritaire
fondamental
de base
basique (?)
élémentaire
v. bottom line, instrumental

tronc commun [core curriculum]
    [*programme d'études de
    base*]
cours obligatoire [core course]
plage fixe [core hours]
marché habituel [core market]
déficit structurel [core deficit]
pays de concentration [core
    countries] [*aide
    internationale*]
v. consistently

CORPORATE

collectif
social
commun
intégré
central
constitué
de groupe (?)
de l'ensemble (d'ensemble)
global
général
intégral
grand
v. comprehensive, full-scale

ministériel
du Ministère
institutionnel (?)
organisationnel
de l'organisation
de l'organisme
administratif (?)

de la firme
de la compagnie
de la société
de l'entreprise (d'entreprise)
de la grande entreprise
du siège social
industriel
commercial
capitaliste (?)
d'affaires (des affaires)
v. partnership

culture d'entreprise [corporate
    culture]
secteur des entreprises (secteur
    industriel et commercial)
    [corporate sector]
raison sociale [corporate name]
personne morale [corporate body]
image de marque [corporate
    identity]
voiture de fonction [corporate
    car]

COUNTERPART ...

homologue
analogue
équivalent
correspondant

d'appoint
de contrepartie
de compensation
en tandem (formation ___) (?)
local (personnel ___) (?) [*aide internationale*]
v. match, offset

pendant
homologue
interlocuteur
vis-à-vis (?)
collègue (?)
congénère (?)

double
copie
duplicata
réplique (?)
portrait (?)
sosie (?)
v. duplication

DEAL WITH

avoir trait à
toucher (à)
concerner
viser
porter sur
traiter de
parler de (?)
être lié à
avoir affaire à
être en contact avec
s'adresser à (?)
avoir pour thème
être consacré à
être mentionné dans (?)
v. affect, regarding, relate to

régler
satisfaire à
venir à bout de
s'acquitter de
disposer de (?)
éliminer (?)
terminer (?)
redresser
résoudre
décider de qqch.
se prononcer sur
statuer sur
trancher
remédier à
parer à (?)
contrer (?)
en faire son affaire
être à la hauteur de [to deal
    effectively with]
v. control, dispose of, issue

traiter (commercer; négocier)
    avec
composer avec (?)
faire affaire avec
faire ses achats chez
se fournir (se servir) chez
vendre à

examiner
étudier
envisager
prévoir
traiter
soulever
aborder
se pencher sur
s'occuper de
veiller à
donner suite à
répondre à
réagir à
faire face à
recevoir [*des appels*]
s'attaquer à
être aux prises avec
avoir qqch. sur les bras (?)
se charger (être chargé) de
ne pas laisser en suspens
se mêler de (?)
tenir compte de
prendre en compte (en
    considération)
prendre des mesures
    (dispositions) à l'égard de
mettre en discussion (en
    délibération) (?)
mettre sur le tapis
**v. action, approach, care,
    concentrate on, ensure,
    involve, response**

DEBRIEFING

compte rendu (de mission)
compte rendu oral (verbal)
rapport (oral) de fin de mission
témoignage (?)

séance (réunion) de compte rendu
réunion de bilan
séance-bilan
stage-retour (?)

debriefing (?)
interrogation (?)
interrogatoire critique (?)
entrevue [*après la mission*]
instructions de départ (?)
entretien final
v. brief

DECISION MAKER

décideur
décisionnaire
responsable
technocrate (?)

organisme décideur
instance décisionnaire (directrice; dirigeante)
v. clout, leader, policy maker, policy-making body

DECREASE

<table>
<tr><td>

baisse
réduction
compression
restriction
atténuation
allégement
abaissement
resserrement
rétrécissement
amoindrissement
amenuisement
résorption
coupe sombre (?)

recul
repli
déclin
diminution
fléchissement
dégringolade (?)
régression
dégradation (?)
déperdition
affaiblissement
refroidissement
ralentissement
freinage (?)

décroissance
décrue
chute
contraction
tassement
effritement
dépréciation
dévaluation
perte
moins-value [decrease in value]
mouvement dégressif
v. minor, scarce

</td><td>

comprimer
réduire
atténuer
modérer
restreindre
resserrer
rétrécir
abaisser
baisser
alléger
amenuiser
amortir
émousser
appauvrir
amoindrir
retrancher de (sur)
réduire à l'essentiel
dégraisser
sabrer dans (?)
couper (tailler; trancher) dans
    le vif
pratiquer des entailles dans (?)
v. affect, control

diminuer
aller en diminuant
fléchir
décroître
décliner
ralentir
descendre
reculer
accuser (marquer) un recul
régresser
subir une régression
péricliter (?)
dégringoler (?)
tomber
tomber à la verticale (à pic) (?)
revenir de ... à ...
être ramené de ... à ...
se calmer
se refroidir
s'amoindrir
s'affaiblir
cf. increase

</td></tr>
</table>

DEDICATION [*wholehearted devotion*]

dévouement
esprit de dévouement
(constante; fervente) application
attachement profond (dévoué;
    durable; fidèle) à
fidélité à
loyauté (à toute épreuve)
loyalisme
zèle
passion de (pour)
enthousiasme (soutenu)
ferveur pour (à l'égard de;
    envers)
amour de [*son métier, son
    travail*]
ardeur (assiduité) au travail (à
    travailler)
conscience (professionnelle) (?)
sens du devoir (de
    l'engagement) (?)
volonté de [*faire qqch.*] (?)
**v. commitment, consistently,
    goodwill, purpose**

se donner (à fond) à
s'appliquer (à)
se dévouer pour
être très consciencieux (dévoué)
être entièrement dévoué à
être sérieux [*dans son travail*]
être appliqué
être scrupuleux dans (?)
consacrer tous ses efforts à
faire qqch. avec coeur
avoir du coeur à l'ouvrage (?)
v. concentrate on, involve

DELIVERY [*a handing over; a manner of speaking; the act of
    distributing*]

livraison
remise
délivrance
signification
transmission
cession
acheminement (?)
expédition (?)
transport (?)
v. channel, provide

diction
débit
élocution
prononciation
énonciation
v. articulate

distribution
fourniture
prestation
présentation (?)
diffusion
communication
documents à produire (produits
    et services à fournir;
    éléments à concrétiser)
    [deliverables]
capacité d'exécution [delivery
    capacity] (?)
v. output

DEPEND ON

dépendre de
être fonction de
être fondé sur
reposer sur
tenir à
être imputable (attribuable) à
supposer (que) (?)
découler de
varier suivant (selon)
être proportionné à
être solidaire de
v. account of (on ___), basis (on the ___ of), reflect, relate to

être déterminé (commandé; régi) par
être assujetti à
relever de
ressortir à
être soumis à
être tributaire de
être dépendant de
être subordonné à
être à la merci de (?)
v. -driven

faire fond sur
tabler sur
miser sur
compter sur
s'appuyer sur
se fier à
s'en remettre à
faire confiance à
se reposer sur
se régler sur (?)
v. refer to

être (vivre) à la charge de qqn
devoir compter sur
avoir besoin de
ne pouvoir se passer de
être sous la protection de (?)
recevoir une pension de (?)
tirer ses ressources (moyens d'existence) de
v. maintain

DESIGN [*a plan or project; a pattern to work from; purpose; the underlying plan or conception; artistic idea as executed*]

plan
projet
programme
plan d'exécution
projet d'établissement
avant-projet
étude
calcul
v. agenda, blueprint, tentative

dessin
canevas
épure
maquette
esquisse
ébauche
grandes lignes
schéma
croquis
tracé
modèle
type
thème
motif
v. format, framework, pattern

but
dessein
visées
vues
intention(s)
acte intentionnel (?)
v. purpose

conception (graphique; industrielle; technique)
esthétique industrielle
graphisme [graphic design]
stylisme
création
composition
constuction
aménagement
agencement
disposition (générale)
économie (?)
système
v. develop, engineering, scheme

design
style
look (?)
ligne
forme
profil
structure
charpente

DETERRENT

facteur (agent; effet; élément; moyen) dissuasif (de dissuasion)
influence paralysante
épouvantail (?)
ticket (tarif) modérateur [deterrent fee]
facteur d'échec [deterrent to success] (?)
v. disincentive
cf. incentive

dissuader
décourager
intimider
rebuter
arrêter
détourner de
empêcher de
prévenir
faire reculer (hésiter)
inciter à réfléchir (?)
v. control, preempt

DEVELOP [*to bring into being or activity; to build up or expand; to grow
into a more advanced state*]

créer
élaborer
former
concevoir
inventer
formuler
forger (?)
instaurer
instituer
constituer
établir
ouvrir
bâtir
construire
aménager
organiser
lancer
inaugurer
mettre en service
**v. action, design, front-end,
initiate, leader, promote,
provide, sponsor**

exploiter
capter
cultiver
produire
réaliser
mettre en oeuvre
mettre en valeur
faire fructifier
faire valoir
v. operate

développer
accroître
élargir
amplifier
agrandir
intensifier
propager
répandre
étoffer
exposer (en détail)
expliquer (en détail)
améliorer
perfectionner
mettre au point
faire progresser
renchérir sur (?)
travailler qqch. (?)
creuser (?)

se développer (s'améliorer;
s'amplifier; se perfectionner;
s'intensifier)
prendre de l'ampleur
progresser
prospérer
essaimer (?)
**v. driving force, increase,
momentum, upgrade**

création
élaboration
conception
formation
aménagement
construction
établissement
implantation (?)
édification
préparation
démarrage
lancement
mise sur pied
mise en train
réalisation
avènement
(mise en) exploitation
mise en valeur
v. implementation

développement
croissance
essor
extension
expansion
prolongement
propagation
enrichissement
agrandissement
accroissement
élargissement
intensification
approfondissement
amélioration
perfectionnement
épanouissement
v. extension, increment

évolution [*des affaires, de la situation*]
devenir [*le ___*]
changement
avancement
démarche
déroulement
tournure [*des événements, d'une affaire*]
progression
progrès
marche des choses (des événements)
marche (mouvement) en avant
cours [*des événements, d'une affaire*]

development [*a significant consequence or event; news*] **:**

percée
découverte
innovation
progrès
nouveauté
jalon (?)
travaux prometteurs (?)

bouleversement(s) (?)
grandes mutations [significant developments] (?)

fait (élément; événement; facteur; incident) nouveau (récent)
tendances (données; réalités) nouvelles
situation (phase) nouvelle
v. emerging

nouveau [*du ___*]
(dernières) nouvelles
(derniers; nouveaux) développements (?)
actualité (l'___) (?)
v. as recently (late) as

suite des événements
suite(s)
rebondissement
v. result in

DISINCENTIVE

facteur (agent; effet; élément;
    moyen) de dissuasion
mesure dissuasive (de
    découragement; propre à
    décourager)
effet démobilisateur
    (démoralisateur)
facteur décourageant
élément démotivant
facteur d'inhibition (?)
incitation négative (?)
frein
obstacle
barrière
entrave
v. deterrent
cf. incentive

inciter à ne pas
ne pas inciter à
ne pas encourager
décourager
démotiver
faire obstacle à
rebuter
dissuader
dégoûter (?)
détourner de
v. control, preempt

DISPLAY [*exhibition; an arrangement designed to please the eye, attract buyers, etc.; anything displayed; visual representation of data*]

exposition
présentation
étalage
mise en étalage
mise en valeur (en évidence)
arrangement (?)
v. exposure

étalage
devanture
vitrine (d'exposition)
stand
présentoir
gondole
éventaire
étal
dispositif (appareillage) de
    présentation (?)
panneau d'affichage

produits (articles) en montre
exemplaire de démonstration
article (exemplaire) de
    présentation
bloc (élément) d'exposition
module (?)
grande annonce
placard (publicitaire)

affichage
image affichée
contenu de l'écran
image-écran
écran (de visualisation)
unité d'affichage (de
    visualisation)
présentation sur écran
visualisation
visuel [*n. m.*]
visu [*n. f.*] (?)
indicateur
tableau d'affichage

DISPOSE OF

se défaire de
se débarrasser de
se dessaisir de
se libérer de
se séparer de

chasser
congédier
renvoyer
expédier
larguer (?)

enlever
ramasser
évacuer
rejeter
réfuter
écarter
classer
jeter
mettre au rebut (au rancart)
mettre à (dans) la poubelle
mettre hors (de) service
mettre à la réforme (?)
réformer (?)
v. clearance

disposer de
aliéner
vendre
céder
écouler
placer (?)

consommer
avaler
engloutir
engouffrer
faire un sort à (?)

détruire
supprimer
éliminer
résorber
désamorcer
liquider
épuiser [*l'ordre du jour, une matière*]
vaincre
battre
régler son compte à
avoir raison de

régler
résoudre
trancher
décider de qqch.
se prononcer sur
rendre une décision sur
mettre aux voix
adopter ou rejeter (?)
prendre les mesures nécessaires au sujet de (?)
v. deal with

DOCUMENTED

documenté
étayé (appuyé) sur des documents
établi (prouvé) au moyen de documents
démontré avec pièces à l'appui
accompagné de pièces justificatives (documents justificatifs)
muni (pourvu) des documents (papiers; pièces) nécessaires (exigés; requis)
consacré par un texte (un acte) (?)
v. case (strong ___)

(dûment) consigné (constaté; enregistré; inscrit)
rapporté (couché; mis) par écrit
couché sur le papier
écrit noir sur blanc
connu [documented case] (?)
v. certificate, identify

-DRIVEN

à [*hélice, vapeur, etc.*]
fonctionnant à

déterminé par
entraîné par
actionné par
poussé par
mû par
axé sur (?)
inspiré par
guidé par
v. account of (on ___), driving force, leverage, operate, urge

régi par
dicté par
imposé par
contrôlé par
piloté par
conduit par
commandé par
gouverné par
v. control, depend on, -oriented

captif de
esclave de (?)

DRIVING FORCE

force motrice (d'impulsion)
impulsion
élan
entraînement (?)
ressort
moteur
élément (principe) moteur
locomotive
activité (industrie) porteuse
**v. account of (on ___), clout,
 -driven, entrepreneurship,
 incentive, leverage,
 momentum, urge**

inspirateur
instigateur
animateur
âme
souffle (?)
catalyseur (?)
cause (force) agissante (?)
v. leader

DUPLICATION

reproduction
duplication
doublement
dédoublement
reprise
recommencement (?)
réplication (?)

double
duplicata
copie (conforme; exacte)
ampliation
contrepartie (?)
réplique
photocopie
v. counterpart

redondance
double emploi
chevauchement
répétition (inutile)
multiplication inutile (?)
recoupement (?)
tautologie (?)
resucée (?)

copier
reproduire
dupliquer
doubler
redoubler
faire le (un) double de
faire (dresser; reproduire) en
 double (exemplaire)
répéter (exactement)
refaire
reprendre
recopier
photocopier
polycopier
v. backup, match

faire deux fois la même chose
refaire ce qu'on a déjà fait
refaire inutilement
faire double emploi (avec)
doublonner (avec) (?)

EDITOR

rédacteur en chef
directeur (chef) de la rédaction
directeur (de la publication)
responsable de la publication
éditeur (responsable) (?)
éditorialiste en chef (?)
directeur littéraire [editor, book]
chef des informations [desk editor]
chef (du service) des nouvelles [*financières, locales, etc.*]
v. decision maker, leader, officials

rédacteur [*criminaliste, politique, etc.*]
courriériste [*littéraire, théâtral, etc.*]
titulaire d'une rubrique [*boursière, locale, etc.*]
chroniqueur
critique (?)
la rédaction [editor's office; editor's staff]

réviseur
correcteur
correcteur-réviseur
rédacteur-réviseur [writer-editor]
préparateur de copie (?)
annotateur (?)
lecteur (?)
commentateur (auteur; directeur) d'une édition critique
monteur [*cinéma*]

EMERGING

naissant
nouveau
jeune
émergent
qui émerge

de pointe (?)
d'avant-garde (?)

en développement (?)
en voie de formation
    (d'affirmation; d'édification;
    etc.)
en passe de devenir qqch. (d'être
    connu; etc.) (?)
v. develop

en train de (d') :
— apparaître; éclore; émerger;
    naître; percer; poindre;
    sortir; voir le jour
en train de :
— se concrétiser; se constituer;
    se déclarer; se dégager; se
    dessiner; se dévoiler; se faire
    jour; se former; se
    manifester; se matérialiser;
    se révéler; s'imposer
v. apparent, exposure

EMPHASIS

accent
relief
importance
poids
force
vigueur
énergie
intensité

priorité
principale préoccupation
centre des préoccupations (de
    gravité (?); d'intérêt)
idée maîtresse
ligne de force (?)
dominante
thème

soulignement (gras; italique)
    ajouté [emphasis added]
soulignage emphatique
v. focus, major

énergique
vigoureux
catégorique
formel
net
appuyé
pressant
expressif
significatif
absolu
écrasant
v. aggressive, articulate

(bien) souligner
(bien) faire sentir
tenir à souligner (?)
faire valoir (ressortir)
s'étendre (s'appesantir) sur (?)
appuyer sur
marquer (bien)
ponctuer ... de
accentuer (fortement)
mettre (faire porter) l'accent sur
attirer (appeler) l'attention sur
mettre en relief (en évidence; en
    valeur; en vedette)
donner du relief à
faire (grand) cas de
mettre au premier plan
privilégier
v. promote

donner (accorder; ménager) plus
    de place (une place de choix;
    une plus large place) à

souligner l'importance de
attacher (accorder) de
    l'importance (une importance
    particulière) à
insister sur l'importance de

veiller tout spécialement à
encourager tout particulièrement
    (spécialement)
se préoccuper surtout de
insister (tout particulièrement)
    sur (pour que)
signaler particulièrement
**v. concentrate on, high profile,
    say, urge**

EMPOWER

habiliter à
autoriser à
mettre à même de
rendre capable de (?)
admettre à
permettre de

donner des responsabilités
    (pouvoirs)
donner pouvoir de
donner le pouvoir (la capacité; le
    droit; les moyens) de
donner (attribuer; conférer) du
    (plus de) pouvoir
investir du pouvoir (droit) de
donner (laisser) toute latitude
    pour
donner (laisser) carte blanche
donner accès à des postes(-)clés
    (à des postes de
    responsabilité) (?)

faire découvrir son pouvoir à (?)
rendre autonome

être habilité (autorisé) à
avoir (les) pleins pouvoirs pour
pouvoir (être en mesure d') agir
pouvoir prendre des décisions
avoir qualité pour
être mandaté pour
avoir le droit de
être en droit de
avoir les coudées franches
avoir (disposer de) la marge de
    manoeuvre voulue pour (?)
**v. accountability, authority,
    clearance, jurisdiction**

s'émanciper
se prendre en charge
se sentir moins impuissant (?)

habilitation
autorisation
délégation de pouvoir(s) (?)
octroi de droits (?)

capacité (liberté) d'action
    (d'agir)
faculté (pouvoir) d'agir
accès au pouvoir (?)
latitude
compétence (?)
v. opportunity, scope

autonomisation
apprentissage (renforcement) de
    l'autonomie
renforcement des moyens
    d'action
affirmation de soi
affranchissement (?)
prise en main personnelle (de sa
    destinée) (?)
**v. aware, -gender, self-
    realization, self-reliance**

ENDORSE

approuver
sanctionner
entériner
accepter
marquer (donner) son accord à
donner son assentiment (adhésion) à
adhérer à
souscrire à
se rallier à (?)
s'associer à
faire sien
adopter
partager l'opinion de
se ranger à l'avis (l'opinion) de
abonder dans le sens de
v. support

recommander
promouvoir
parrainer
faire de la publicité pour
appuyer
soutenir
avaliser
donner son aval à
v. advocacy, commitment, promote, sponsor

revêtir de sa signature
apposer sa signature sur
contresigner (?)
endosser
viser
homologuer
confirmer
se porter garant de
témoigner (porter témoignage) de
v. clearance, finalize

mettre (inscrire) qqch. au dos de
mentionner qqch. au verso de
apposer une remarque sur
apostiller (?)

ENFORCEMENT

exécution
mise en application (en oeuvre;
    en pratique; en vigueur)
mesure(s) d'exécution
    [enforcement action;
    enforcement measures]
exercice [*d'un droit, d'un*
    privilège, d'un recours]
v. comply with, implementation

mesure (action) coercitive
coercition [*exercer une* ___]
exécution forcée
imposition
contrainte
mesure de contrainte
mesure de répression (?)
poursuite [enforcement action]
pouvoirs de police [enforcement
    powers]
recouvrement (forcé) des impôts
    [enforcement of taxes]

renforcement
v. emphasis

appliquer (rigoureusement)
veiller à l'application de
mettre en vigueur (en application;
    en oeuvre; en pratique)
exécuter
faire exécuter (appliquer;
    observer; respecter)
procéder à l'exécution de
assurer le respect (l'application;
    l'exécution) de
réaliser (?)
v. action, ensure

imposer
obliger à
forcer à
contraindre à
(se) faire obéir
donner force exécutoire à (?)
rendre effectif (exécutoire) (?)

renforcer
faire valoir
insister sur
faire ressortir
mettre en valeur
appuyer sur
v. urge

ENGINEERING

ingénierie
génie
technique
applications (techniques)
mécanique
organisation
engineering (?)
v. design

machination(s)
manoeuvre(s)
manigance(s)
v. scheme

conception technique
    [engineering design]
construction (mécanique) navale
    [marine engineering]
étude des méthodes [methods
    engineering]
ingénieur-conseil [engineering
    consultant]
ouvrage d'art [engineering work]
produits industriels [engineering
    products]
secteur des services techniques
    [engineering sector]
société (firme) d'ingénierie
    [engineering firm]
technique de vente
    [sales engineering]

ENSURE

assurer qqch.
assurer qqch. à qqn
assurer qqn de qqch.
assurer à qqn que
assurer qqn que

s'assurer qqch.
s'assurer de qqch.
s'assurer que [+ *indic.*]
s'assurer si

garantir
protéger
veiller à
voir à
pourvoir à
mettre tout en oeuvre pour
prendre toutes les mesures (dispositions) nécessaires pour
faire en sorte que [+ *subj.*]
penser à (?)
ne pas oublier (manquer) de (?)
v. deal with, enforcement, provide

ENTREPRENEURSHIP

esprit d'entreprise (d'initiative)
entrepreneurship (?)
initiative
hardiesse (?)
initiative privée (?)
sens (esprit) des affaires (?)
rôle (fonction) d'entrepreneur
entrepreneuriat (?)
v. aggressive, challenge, driving force, gumption, initiate, leader

ENVIRONMENT (-AL)

environnement
milieu
cadre [*de travail, d'utilisation,
    de vie, etc.*]
espace
entourage
paysage
monde [*des affaires, du
    spectacle, etc.*]
univers (?)
habitat (?)
terrain (?)
locaux (?)

climat
ambiance
atmosphère
contexte
situation
conjoncture
circonstances
conditions [*ambiantes, de
    travail*]
influences (idées) ambiantes
régime (?)
(nouvelle) donne (?)
v. background, framework

environnemental
de l'environnement
d'ordre environnemental
produit par l'environnement
lié (relatif; qui a rapport) à
    l'environnement
sur l'environnement [*ex. :
    conséquences sur
    l'environnement*]
du milieu
déterminé (exercé) par le milieu
provenant du milieu (ambiant)
écologique (?)
v. environmentally friendly

ENVIRONMENTALLY FRIENDLY

écologique
écologiquement rationnel (sain)
sain du point de vue (sous l'angle; sur le plan) écologique
respectueux (soucieux) de l'environnement (?)
qui respecte (aide à protéger; ne nuit pas à; ne porte pas atteinte à)
    l'environnement
sans danger (inoffensif; peu nocif (?)) pour l'environnement
non polluant
propre [*ex. : usine propre; voitures propres*]
vert [*ex. : carburant vert; produit vert*]
doux [*ex. : énergies douces; technologies douces*]
éco- [*ex. : écoproduit; écotechnologie*]
v. appropriate, environment

EQUITY [*that portion of a company's net worth belonging to its owners or shareholders; net worth; the interest of the owner of common stock in a corporation; fairness, impartiality, justice*]

capitaux (fonds) propres
avoir des propriétaires

valeur de réalisation nette
valeur nette réelle
valeur (situation) nette

intérêt (des créanciers et des
    propriétaires)
droit sur l'actif
participation
part
v. partnership

équité
traitement équitable
impartialité
justice
esprit de justice
**v. appropriate, level playing
    field**

equity financing :

financement par actions (par
    capitaux propres; par fonds
    propres; par prise(s) de
    participation)
financement par émission
    d'actions
financement du capital-actions

prise(s) de participation
    (au capital social)
participation(s) au capital
apport (mise) de fonds

EVENTUALLY

finalement
en définitive
en fin de compte
à la fin
pour finir
v. bottom line

un jour
un jour ou l'autre
un de ces jours
un beau jour
à un moment donné
tôt ou tard
à terme
à plus ou moins longue (brève)
    échéance (?)

plus tard
par (dans) la suite
ultérieurement
à la longue
avec le temps

finir par
en venir à
v. result in

EXERCISE

exercice(s)
entraînement
activité physique
manoeuvre(s)
devoir(s)

exercice [*de fonctions, du
    pouvoir, d'un culte, etc.*]
pratique
usage
exploitation (?)
recours [*à qqch.*] (?)
v. implementation

opération
mission
campagne
entreprise
démarche
activité
exercice
expérience
essai (?)
v. action, scheme

dévotion(s)
pratiques [*de dévotion*]
exercices spirituels
cérémonie [exercises]

EXPOSURE [*an exposing or being exposed; an act or instance of
    revealing or unmasking; appearance in public, especially on the mass-
    media; a position, as in investment, that is considered precarious and
    risky; a subjecting to an experience or influence*]

exposition
présentation
étalage
exhibition
outrage public à la pudeur
    [indecent exposure]
v. apparent, display

divulgation
révélation
dévoilement
mise au jour
mise à nu
dénonciation
découverte
scandale (?)
v. emerging

couverture (médiatique;
    publicitaire)
temps d'antenne (?)
apparition [*à l'écran*]
attention des médias
v. high profile

risque(s)
part de(s) risque(s)
engagement(s)
montants engagés
montant des prêts [*des banques*]
créances
encours
endettement (?)

contact avec [*une langue, un
    milieu*]
voisinage de
proximité de
v. contact

EXTENSION [*an extending or being extended; an extra period of time given one to meet an obligation; an addition; an additional telephone; an educational program for people who cannot take regular courses*]

extension
expansion
prolongement
reconduction
allongement
dilatation
accroissement
élargissement
agrandissement
développement
augmentation
multiplication (?)

délai
sursis
période de répit
prolongation
prorogation
report [*d'échéance*]

ajout
rajout
rallonge
allonge
annexe
locaux supplémentaires (?)
(lampe) baladeuse [extension lamp]

poste [*téléphonique*]
poste (appareil; ligne) supplémentaire
v. addition (in ___), develop, increase

cours d'éducation permanente [extension course]
service universitaire de formation permanente (continue) [university extension service]
services de vulgarisation [extension services]
vulgarisateur (agent de vulgarisation; moniteur (?)) [extension worker]
diffusion externe (?)

FACILITIES

installation(s)
aménagements
locaux
bureaux
salle(s)
établissement (?)
centre [*de loisirs, d'enseignement, etc.*]
station [*météorologique, de recherche, etc.*]
aire [*de manoeuvre, de stationnement, etc.*]
bloc [*opératoire, technique, etc.*]
toilettes [(toilet) facilities]
v. pool

service(s)
moyens [*de communication, de paiement, de production, de transport,*
    d'exploitation, d'exploration, etc.]
infrastructure [*aérienne, commerciale, sportive, touristique, etc.*]
immobilisations de production (?)
dispositif
structure(s)
équipement(s)
matériel(s)
outillage
instruments de travail
ce qu'il faut pour (?)
ressources (?)
v. system

commodités
facilités (de; pour)
conditions favorables
possibilité(s) (de) (?)
v. opportunity

FEEDBACK

rétroaction	information(s)
feed-back (?)	renseignements
contre-réaction	observations
information (action; contrôle;	commentaires
effet) en retour	remarques
retour d'information (de	critiques
l'information)	impression(s) (?)
rétro-information (?)	opinion(s) (?)
	v. input
réaction(s)	
répercussion(s)	
incidence(s)	
écho	
réponse	
v. affect, backlash, response,	
result in	

FIELD [*a sphere of interest or activity; an area where practical work is done, as opposed to the central office, laboratory, etc.*]

domaine	terrain
champ	région
sphère	secteur
discipline	zone
v. scope	milieu opérationnel (?)
	théâtre des opérations (?)
	v. environment

in the field :

sur le terrain	local
sur place	régional
sur les lieux	extérieur
à l'étranger	
in situ (?)	mobile
sur le tas (?)	itinérant
auprès de la clientèle (?)	ambulant
	portatif [*ex. : caméra portative*]
de terrain	volant [*ex. : équipe volante*]
de campagne	
de chantier	pratique [*ex. : études pratiques;*
de reportage	*travaux pratiques*]
d'exécution	
d'exploration	

FINALIZE

conclure
terminer
achever
finir
clore
clôturer
boucler (?)
mener à terme (à bonne fin)

compléter
parachever
finaliser (?)
mettre la dernière main à
mettre la dernière touche (la touche finale) à
mettre au point (les derniers détails)
mettre au propre (au net)
rédiger la version définitive de
fixer d'une manière (de façon) définitive
rendre définitif
arrêter (définitivement)
décider (?)

ratifier
entériner
confirmer de façon définitive
parapher (?)
v. endorse

conclusion
étape finale
dernière étape

finalisation (?)
touche finale
rédaction définitive
dernière mise au point

ratification
entérinement
confirmation définitive

FOCUS [*a central point, as of activity, attention, disturbance, etc.; a point of concentration or of emanation*]

centre [*d'activité, d'attention, de convergence, de coordination, de diffusion, de liaison, de rayonnement, des préoccupations, d'intérêt, nerveux, etc.*]

plaque tournante
carrefour
foyer
siège
pivot

point central
point de mire (de concentration; de convergence; de ralliement; de rassemblement)

préoccupation centrale (essentielle; maîtresse)
priorité
secteur (domaine) d'intervention (?)
thème (central)
accent
objet
objectif
orientation
pôle
cap
v. bottom line, channel, concentrate on, consistently, core, emphasis, forum, high profile, issue, -oriented, purpose

out of focus [*blurred, indistinct, not clearly defined*] :

vague
flou
indistinct
indéterminé
incertain
imprécis
mal défini
mal réglé
pas au point
confus
trouble
obscur
nébuleux
brumeux
fumeux
v. inappropriate, non-committal, open-ended

FOLLOW-UP

suivi
surveillance (continue)
examen (contrôle) permanent (?)

suite (à donner; donnée)
rappel
relance
contrôle (ultérieur)
soins post-hospitaliers [follow-up
    care]
service après-vente [follow-up
    service]
exploitation des résultats (?)

activité (action; mesure)
    complémentaire
complément
renfort (?)
mise à jour (?)
mise au point (?)
v. action

de suivi
de rappel
de relance
de contrôle
de vérification (?)
de perfectionnement
de renforcement
de soutien
d'accompagnement

subséquent
ultérieur
postérieur
complémentaire
supplémentaire
second (?)
v. addition (in ___)

suivre (de près)
assurer le suivi de
surveiller
v. monitor, progress report

donner suite à
faire suivre de
revenir sur
relancer
reprendre
consolider
compléter
continuer sur sa lancée (dans la
        foulée de; dans le sillage de)
poursuivre
enchaîner (?)
v. maintain

exploiter
utiliser
mettre à profit
tirer parti de
v. operate

FORMAL

formel [*qui concerne la forme*]

officiel
structuré
organisé
encadré (?)
méthodique
institutionnalisé (?)
scolaire
(de type) classique
traditionnel
statutaire
réglementaire
formel
judiciaire (?)
juridique (?)
régulier
reconnu (?)
véritable
authentique
en règle
dans les formes (règles)
en bonne et due forme
par (la) voie hiérarchique
mise en demeure [formal notice]
clause de style [formal clause]
v. system

formel
explicite
exprès
positif
ferme
catégorique
précis
clair
net
(bien) défini
rigoureux
sérieux
soigné
soutenu

solennel
officiel
de cérémonie
cérémoniel
d'apparat
protocolaire
de politesse
grand [*ex. : grand dîner*]
de soirée [*ex. : robe de soirée;
     tenue de soirée*]
garde-robe habillée [formal
     wardrobe]

formaliste
formel
cérémonieux
protocolaire
conventionnel
académique
livresque
rigide
raide
empesé
collet monté
ampoulé
compassé
guindé
pointilleux
à cheval sur
cf. informal

formel
pour la forme
de pure forme
extérieur
de façade

formel
théorique
platonique (?)
nominal
v. academic

FORMAT

format [*dimensions d'un document*]

présentation (matérielle)
mode de présentation
agencement
organisation
constitution
composition
charpente
structure
économie
texture
trame
cadre
forme
plan
dessin
style
type
modèle
formule
formulation
format [*inform.*]
v. design, framework, pattern, scheme, type

FORUM

forum
tribune
enceinte
arène
cadre (?)
carrefour
lieu de discussion (de débat)
v. focus

forum
assemblée
carrefour
débat public (ouvert)
échange de vues (?)
séance de discussion (?)
table ronde (?)
conférence (?)
v. brainstorming, issue

tribunal (compétent)
forum (?)
instance
v. action, jurisdiction

FRAMEWORK

cadre
charpente
structure
infrastructure (?)
encadrement
canevas
squelette
ossature
armature
base(s)
v. background, environment, pattern, scheme, system

grandes lignes
schéma
trame
plan
économie (?)
organisation
réseau (?)
contexte
v. blueprint, design, format

guide
grille (?)
principes directeurs (?)
approche (?)
méthode
v. approach

bâti
châssis
monture
carcasse
coffrage
chambranle
treillis

FRONT-END ...

initial
préliminaire
préparatoire
frontal [*ex. : ordinateur frontal; processeur frontal*]
pré- [*ex. : prétraitement*]
prélevé (payable) d'avance
frais prélevés à l'acquisition (sur les premiers versements) [front-end load]

d'accueil [*ex. : service d'accueil*]
d'ouverture (de dossier) [*ex. : commission ___; frais ___*]
d'accès
de départ
d'amorçage
de mise en route

au départ
à l'entrée
en début de période
à la signature (?)
v. develop, initiate

FULL-SCALE ...

complet
intégral
total
absolu
plein (et entier)
maximal (maximum)
massif
approfondi
exhaustif
général
généralisé
grand
de grande envergure
de grand style
tous azimuts
bataille rangée [full-scale
      fighting]
v. comprehensive, major

grandeur nature

à plein régime (rendement)
à pleine capacité (?)
à fond
à grande échelle
sur une grande (vaste) échelle
au (grand) complet
sans réserve
en entier
en vraie grandeur (?)

GENDER- (GENDER-BALANCED, GENDER-BASED, GENDER-CONSCIOUS, GENDER-NEUTRAL, ETC.)

réparti (différencié; regroupé; ventilé) par (selon le) sexe
fondé sur le sexe
défini par le sexe (?)
en raison de son sexe (?)

distinction (différences) entre les sexes (entre les femmes et les hommes)
rôles masculins et féminins (de l'homme et de la femme)
problématique hommes-femmes

---

applicable également aux hommes et aux femmes
adapté au sexe de la personne (?)
sensible à la cause des femmes
neutre sexuellement (?)
non sexiste

sans distinction de sexe
sans discrimination sexuelle (sexiste)
sans parti pris sexiste

équilibre des sexes
équilibre entre les femmes et les hommes
questions touchant l'égalité des sexes
sensibilisation à l'égalité des sexes
égalité des droits pour les deux sexes
égalité hommes-femmes
v. aware

---

promotion de la femme
situation de la femme
condition féminine
questions (préoccupations) féminines
dimension féminine
point de vue féminin
perspective féministe (?)
dossiers féminins
v. empower

---

sexiste
machiste
phallocrate

fossé (disparité(s); inégalité(s)) entre les sexes
parti pris contre l'autre sexe
discrimination (parti pris; préjugés) contre les femmes
préjugés en faveur des hommes (des femmes)

GOODWILL

bienveillance
faveur
sympathie
générosité (?)
bonté
gentillesse (?)
attitude amicale
attitude moins ouverte [loss of
    goodwill] (?)
**v. care, community, informal,
    support**

bonne volonté
bonne grâce
bon vouloir
zèle
**v. comply with, dedication,
    responsive**

survaleur
fonds commercial
éléments (biens) incorporels
actif incorporel

clientèle
achalandage
fidélité de la clientèle (?)
réputation
renommée
image de marque (?)

de bienveillance
de bienfaisance
d'amitié
de bonne entente
de conciliation
de médiation
de faveur (?)
de charme (?)

de bon gré
de bon coeur
de bonne grâce
avec bonne volonté
avec zèle

GOVERNANCE

gouvernement
fonction gouvernementale (?)
conduite (direction) [*des affaires
    mondiales, des affaires
    publiques, etc.*]
gestion [*publique, d'entreprise,
    etc.*]
exercice de l'autorité (du
    pouvoir)
autorité (?)
régie
maîtrise
**v. authority, control,
    jurisdiction**

régime
gouvernement
systèmes de gouvernement
    [patterns of governance] (?)
v. polity

good governance :

bon gouvernement
principes de (du) bon
    gouvernement
saine gestion (conduite) [*de
    qqch.*]
direction (conduite) éclairée

GRASS-ROOTS ...

populaire
d'inspiration populaire
    (communautaire)
social (?)
de (la) base
parti de la base
issu du peuple
du peuple
de (la) masse
local
d'infrastructure locale (?)
de quartier (?)
petites collectivités [grass-roots
    communities]
v. community

base
masse
peuple
majorité des gens
électeurs (?)
gens ordinaires
petits (les ___) (?)
v. constituency

source
base
fondement

à la base
au niveau de la base
à un niveau de base
à l'échelon (au niveau) local
au niveau de la collectivité (de la
    communauté) (?)
dans le milieu
    (communautaire) (?)

GUMPTION

initiative
esprit d'initiative
dynamisme
vitalité
ardeur
allant
tonus
v. entrepreneurship, initiate, leader

hardiesse
cran
courage
intrépidité
nerf (?)
coeur au ventre (?)
estomac (?)
v. aggressive

présence d'esprit
sens pratique
jugement
jugeote
bon sens
discernement
débrouillardise (?)
ressource
ingéniosité
astuce (?)
v. self-help

HIGH PROFILE (KEEP A ___)

être (très) en vue
avoir (jouir d') une grande
    visibilité (?)
être sous les projecteurs
occuper le devant de la scène
avoir la place éminente
occuper la première place (la
    place d'honneur) (?)
se mettre en évidence (en vue)
se faire remarquer (?)
ne pas (être loin de) passer
    inaperçu (?)
avoir du panache (?)
en mettre (jeter) plein la vue (?)

très (bien) en vue
très visible (?)
ostensible
flamboyant (?)
spectaculaire
d'envergure
voyant (?)
notoire (?)
méga- (?)

bruyant
éclatant
fracassant
retentissant

faire du (beaucoup de) bruit
faire grand bruit
avoir un grand retentissement
faire un grand éclat (?)
avoir de l'impact (?)

très médiatisé
largement couvert
**v. emphasis, exposure, focus,
    leader, major, outstanding**

être le centre d'attention
recevoir (être entouré de)
    beaucoup de publicité
jouir d'une grande popularité
    (d'un grand prestige) (?)
être la question de l'heure (?)
être en vogue
avoir (tenir) la vedette
être largement médiatisé
faire la une (des journaux)
faire les (gros) titres
faire les manchettes
publier (annoncer; proclamer)
    urbi et orbi (?)

à grand spectacle
à grand déploiement
à grand rayonnement (?)
en grande pompe
cf. low profile

HOPEFUL (-LY)

plein d'espoir
optimiste
confiant (?)

prometteur
qui promet
qui se présente bien
encourageant
v. likely

espérer que
compter que
vouloir croire que
conserver l'espoir que
avoir (garder) bon espoir que (de)
aimer à croire (à penser) que
v. look forward to

s'annoncer meilleur
laisser de l'espoir
se présenter (très) bien
c'est bon signe [it is a hopeful sign]

je l'espère (nous l'espérons; on l'espère)
du moins je l'espère (l'espère-t-on) (?)
souhaitons-le [+ *adj.*] [hopefully [+ *adj.*]] (?)

il est (serait) à souhaiter que
il est (serait) souhaitable que (de)

avec un peu de chance, ...
si tout va bien, ...

aspirant
postulant
prétendant (?)
candidat
espoir
jeune espoir (jeune loup) [young hopeful]
ambitieux (?)

HOWEVER [*nevertheless, notwithstanding, yet, still, in spite of that, on the other hand, all the same*]

toutefois
cependant
néanmoins
mais
pourtant
mais pourtant
or (?)

par contre
en revanche
au contraire
à l'inverse
à l'opposé
en compensation
si ..., par contre ...
certes, ..., mais ...
oui, mais ...

d'ailleurs
par ailleurs
du reste (?)
cela dit (?)
d'un autre côté
d'autre part
dans un autre ordre d'idées (?)

quand même
seulement
malheureusement (?)
malgré tout (malgré cela)
nonobstant (?)

quoi qu'il en soit
quoi qu'il arrive
de toute manière (façon)
en tout cas
en tout état de cause
v. addition (in ___), if anything

sauf que
excepté que
si ce n'est que
(il) n'empêche que
(il) reste que
il n'en reste pas moins que
il est néanmoins vrai que
toujours est-il que
encore que

IDENTIFY [*to recognize or establish as being a certain person or thing; to discover or notice the existence of something*]

identifier
établir l'identité de
reconnaître
nommer

désigner
indiquer
marquer
noter (?)
signaler
mentionner

définir
déterminer
caractériser
formuler
préciser
fixer
circonscrire
délimiter
cerner
v. documented, refer to, reflect, say

découvrir
trouver
mettre le doigt sur
mettre en lumière
faire ressortir
relever
détecter
localiser (?)
dépister
repérer
déceler
dégager
extraire (?)
choisir (?)

discerner
distinguer
pressentir
reconnaître
constater
recenser
inventorier (?)
énumérer (?)
différencier [*différentes choses*]

IF ANY

le cas échéant
s'il y a lieu
v. if necessary

si tant est que [+ *subj.*]
si toutefois

s'il s'en trouve
s'il y en a
lorsqu'il y en a (?)

few, if any, ... :

aucun ou presque aucun ...
(il n'existe) peut-être aucun ...
peu de gens, et peut-être même
    personne ...

IF ANYTHING

plutôt
même plutôt
mais (bien) plutôt

peut-être encore plus (moins)
peut-être même
voire (même)

loin de [*ex. : loin de diminuer,*
    sa popularité ...]

en fait
en réalité
à vrai dire
à dire vrai
au contraire
d'ailleurs (?)
v. bottom line, however

IF NECESSARY

si nécessaire
s'il le faut
au besoin
si besoin est
selon les besoins (?)
en cas de nécessité (de besoin)
à la rigueur [if absolutely
necessary]

s'il y a lieu
là où il y a lieu (?)
lorsqu'il y a lieu (?)
le cas échéant (?)
v. appropriate, if any

IGNORE [*to pay no attention to; to disregard intentionally*]

négliger
méconnaître
ignorer (?)
ne pas tenir compte de
ne tenir aucun compte de
ne faire aucun cas de
ne prêter (donner) aucune
    attention à
ne pas s'occuper de
ne se poser aucune question au
    sujet de (?)

faire abstraction de
faire fi de
dédaigner
mépriser
agir au mépris de
laisser de côté
oublier (?)
écarter
rejeter
exclure

passer outre à
ne pas respecter (observer;
    suivre)
brûler [*un arrêt, un feu rouge*]
sauter (?)
v. non-compliance

ignorer [*qqn*]
faire semblant (feindre) de ne
    pas voir (connaître)
faire comme si qqn (qqch.)
    n'existait pas (n'était pas là)
faire la sourde oreille à
refuser d'écouter
ne pas (vouloir) reconnaître

passer sous silence
passer sur
tolérer (?)
fermer les yeux sur
ne pas relever

[*qqch., qqn*] passer inaperçu (?)
[*qqch.*] rester (devenir; être)
    lettre morte

IMPLEMENTATION [*carrying into effect; actual fulfillment*]

mise en oeuvre
mise en pratique
mise à exécution
mise en action
mise en application
mise en vigueur

mise en route
mise en train
mise en branle
mise en chantier
mise en service

exécution
application
réalisation
accomplissement
concrétisation
matérialisation
lancement (?)
v. action, enforcement, exercise

mettre en oeuvre (en route; en vigueur; etc.)
exécuter
appliquer
réaliser
accomplir
mettre à effet
rendre effectif
traduire en actes
concrétiser
matérialiser
v. develop, initiate, operate, promote

tenir [*ses engagements, ses promesses, etc.*]
remplir
s'acquitter de
donner suite à (?)
joindre le geste à la parole (?)
v. comply with

INAPPROPRIATE

inapproprié
inadéquat
mal adapté (ajusté; assorti; choisi; conçu; fait; inspiré; etc.)
inadapté à
impropre (à)
non pertinent
non propice (à)
contre-indiqué

inopportun
intempestif
mal à propos
malencontreux
inconvenant
incongru
déplacé
indu
inconséquent
déraisonnable
excessif
abusif

malheureux
regrettable
fâcheux
indésirable
déplorable
défavorable
répréhensible
nuisible (à)
préjudiciable à
dommageable à
inéquitable (?)
illégitime (?)

fautif
défectueux
mauvais
incorrect
anormal (?)
insuffisant
insatisfaisant
médiocre
minable (?)
moche (?)
v. affect, focus (out of ___), meaningful (meaningless)
cf. appropriate

INCENTIVE

stimulant
motivation
incitation (à)
aide (à)
encouragement (à)
mesure d'encouragement
mesure incitative (en faveur de)
facteur d'incitation (de motivation)
provocation (à) (?)
levier (?)
mobile
appât (?)
attrait (?)
carotte (?)
aiguillon
tonique (?)
**v. account of (on ___), challenge, driving force, leverage, promote,
urge**

récompense
gratification
avantage
intéressement (?)
bonus
boni
prime
prime de rendement [incentive bonus]
tarif promotionnel (de promotion) [incentive fare]
encouragement (incitation; stimulant) fiscal(e) [tax incentive]
cf. deterrent, disincentive

INCLUDING

y compris
en comprenant
si on comprend
sans compter [not including]

compris
inclus

avec
ainsi que (?)

inclusivement
notamment (?)

dont
parmi lesquels
entre autres (?)
v. addition (in ___)

inclure
englober
intégrer
incorporer
introduire
insérer
inscrire
ajouter
joindre
fournir (?)
mentionner (?)
faire figurer dans

comprendre
embrasser
comporter
impliquer
contenir
renfermer
compter
s'étendre à
s'appliquer (s'adresser) aussi à
v. comprehensive, involve

être compris (contenu; inclus;
    etc.) dans
être visé dans (par)
être (compter) parmi
entrer dans
faire partie de
figurer dans (au nombre de;
    parmi; sur)
v. built-in, within

INCREASE

augmentation	augmenter
croissance	augmenter de ..., pour porter à ...
accroissement	hausser
accentuation	rehausser
intensification	faire monter (grimper)
élargissement	faire passer à
agrandissement	porter à
développement	élever
essor	majorer
bond (en avant)	accroître
avancement	accentuer
avancée	relever
progrès	intensifier
progression	élargir
accélération	étendre
extension	développer
expansion	allonger
multiplication	gonfler
propagation	amplifier
prolongement	pousser
grossissement	aviver
dilatation	attiser
	activer
hausse	forcer
montée	presser
élévation	**v. develop, promote**
majoration	
mouvement ascendant	s'accentuer (s'accroître;
crescendo	s'amplifier; se développer;
flambée (?)	s'élever; s'intensifier; etc.)
envolée (?)	croître
	grandir
renforcement	grossir
raffermissement	progresser
consolidation	aller croissant
redoublement	aller crescendo
recrudescence (?)	aller en augmentant
renchérissement	passer (augmenter) de ... à ...
	augmenter de ..., pour
surcroît	atteindre ...
supplément	monter (en flèche)
adjonction	prendre de l'extension
ajout	être en (pleine) expansion
gain	être en augmentation (en hausse;
plus-value [increase in value]	en progrès; en progression)
v. addition (in ___), extension,	être de plus en plus nombreux
** increment**	connaître une recrudescence (?)
	v. momentum, upgrade
	cf. decrease

INCREMENT (-AL)

augmentation
accroissement
hausse
majoration
facteur d'accroissement
    [incrementality]

incrément [*inform.*]
pas (de progression) [*inform.*]

surcroît
supplément
plus-value [unearned increment]
profit
apport (?)

progression
échelon (?)
cran (?)
coût différentiel [incremental
    cost]
**v. addition (in ___), develop,
    increase**

par échelons
par paliers
par degrés
par étapes
par tranches

d'augmentation
d'accroissement
à valeur ascendante (?)
croissant

incrémentiel [*inform.*]
incrémental [*inform.*]

supplémentaire
additionnel
de caractère additif (?)
accru
cumulatif (?)

progressif
de progression
à action progressive
selon une progression régulière
graduel
d'échelon
différentiel
évolutif (?)
mesures adoptées
    progressivement [incremental
    policy development] (?)
planification dynamique
    [incremental planning] (?)

INFORMAL

informel
officieux
de façon officieuse
de caractère officieux

non officiel
non structuré
non dirigé
non directif
non protocolaire
non institutionnalisé
non scolaire
v. open-ended

dénué de (toute) cérémonie
    (formalité)
dénué de (tout) protocole
dénué de caractère officiel

libre
spontané
improvisé (?)
empirique
inorganisé
irrégulier
consensuel (?)
de couloir(s)
marginal (secteur ___)
parallèle (marché ___)
v. non-standard

naturel
(très; tout) simple
familier
amical
privé
intime
détendu
décontracté
v. goodwill, low profile

tenue de ville (décontractée; de
    loisir) [informal dress]
toilette (vêtements) simple(s) (de
    tous les jours)

officieusement
à titre (purement) officieux
sans caractère officiel
à titre non officiel
à titre privé

en dehors des règles
sans les formes
sans formalités
sans protocole
sans façon
sans décorum
sans cérémonie(s)
avec naturel
simplement
en toute simplicité
de façon toute simple

familièrement
avec familiarité
à l'amiable
entre amis
entre nous
entre intimes
dans l'intimité
en petit comité

à bâtons rompus
à la bonne franquette
à la fortune du pot
avec les moyens du bord (?)
cf. formal

INITIATE [*to begin or set going; to originate; to take preliminary measures culminating in an actual start*]

amorcer
entamer
engager
commencer
déclencher
ouvrir
lancer
enclencher (?)
démarrer (?)
entreprendre
attaquer
se lancer dans (?)
mettre en train (en action; en branle; en marche; en mouvement; en route; etc.)
donner le coup d'envoi à

établir
instaurer
inaugurer
instituer
promouvoir
nouer [*une alliance; des liens*]
poser (établir; jeter) les bases de
prendre l'initiative de
provoquer
être à l'origine de
être l'auteur (l'initiateur; le promoteur) de
initier (?)
ébaucher (?)
v. account of (on ___), develop, entrepreneurship, front-end, gumption, implementation, leader, operate, promote, sponsor

intenter [*une action en justice, un procès*]
introduire [*une instance*]
porter plainte [to initiate a complaint]
déposer (formuler) une plainte
v. action

INPUT [*something (material, energy, data, money, resources, labor, effort, etc.) that is put in; contribution of information, advice, ideas, suggestions, etc.; the act or process of putting in*]

facteur (de production)
moyen (de production)
élément (de fabrication; de production)
outil (?)
bien de production
produit (bien) intermédiaire
consommations intermédiaires
ressources utilisées (nécessaires)
matières premières (?)
fournitures (?)
input (?)
intrant (?)
dotation
v. component

puissance
énergie
énergie (puissance) absorbée (?)

données en entrée
données d'entrée
données à traiter
paramètres (?)

mise de fonds
dépense
consommation

contribution
participation
intervention
appui
apport
flux (?)
impulsion (?)
v. provide, support

idées
avis
vues
opinion(s)
conseil(s)
suggestion(s)
proposition(s)
commentaire(s)
information(s) (?)
indications (?)
v. feedback

introduction
inscription
alimentation
arrivée
injection [*de capitaux, de crédits*]
consultation [*du public*] (?)
saisie (des données)
entrée (des données)
cf. output

INSTRUMENTAL [*acting or serving as a key instrument, essential,*
crucial; serving as a means]

crucial
essentiel
indispensable
nécessaire
décisif
déterminant
très important
de première importance
d'une importance capitale (primordiale)
(-)clé [*ex. : personnage clé ou personnage-clé*]
v. core, major

utile
instrumental (?)
instrumentaire [*jur.*]
capital productif [instrumental capital]

jouer un rôle déterminant (capital; décisif; primordial) dans
prendre une part très active à
être pour beaucoup dans
être l'instrument de (?)
c'est à ... que l'on doit (de) ... (?)
v. involve

être pour quelque chose dans
contribuer à
avoir part à
concourir à
aider à

grâce à
à l'aide de
avec le concours de
par la faute de (?)
au (par le) moyen de
par l'intermédiaire de
v. account of (on ___), channel

INVOLVE [*to include as a necessary condition or consequence; to contain, comprehend within its scope; to relate to, affect; to absorb fully; to draw in as a participant*]

entraîner
impliquer
supposer
présupposer
ne pas aller sans
nécessiter
exiger
appeler
occasionner
donner lieu à
soulever (?)
vouloir dire
qui dit ..., dit ... (?)
sous-tendre (?)
être sous-jacent à (?)
v. account of (on ___), result in

comprendre
comporter
renfermer
regrouper (?)
embrasser
englober
couvrir
s'étendre à
consister en (dans)
v. built-in, including, within

concerner
intéresser
toucher (à)
viser
être (intimement) lié à
v. affect, concern, relate to

absorber
passionner

s'investir (s'impliquer; se
    plonger) dans
se donner à fond (se consacrer;
    s'attacher) à
se laisser prendre par
**v. commitment, concentrate
    on, dedication**

engager dans
entraîner à
associer à
mêler à
faire participer
mobiliser
mettre à contribution (?)
mettre dans le coup (?)
mettre en jeu (en action)

intervenir
participer
entrer en jeu (en action)
entrer en scène
jouer un rôle dans
prendre part (une part active) à
s'intéresser (de près) à
se mêler de (?)
s'occuper de
s'engager
travailler à
contribuer à
oeuvrer pour (?)
**v. deal with, instrumental,
    operate**

être partie à
être (se trouver) engagé dans
être (entrer) pour qqch. dans
être mêlé à
être associé à
être en jeu (en action)
être partie prenante dans
être présent [*quelque part*] (?)
v. membership

IRONIC (-ALLY)

ironique
curieux
singulier
déconcertant
paradoxal

ironiquement
curieusement
paradoxalement
bizarrement

fait paradoxal, ...
chose curieuse, ...
ce qui est curieux, c'est que ...
l'ironie, c'est que ...
ironie du sort, ...
comble d'ironie, ... (?)

ISSUE [*(important) question to be considered or decided; problem; a point of debate or a matter in dispute*]

question (à considérer; à
    débattre; à discuter; à
    examiner; à traiter; à
    trancher; à l'étude; en
    discussion; en jeu; pendante;
    qui se pose; sur le tapis;
    etc.)
question centrale (de fond) [main
    issue]
question (point) d'intérêt (?)
point
sujet
dossier
thème
élément (?)
facteur (?)
tour d'horizon [exploration of
    issues]
**v. agenda, bottom line, deal
    with, focus, outstanding**

problème
problématique (?)
aspect (dimension) du
    problème (?)
préoccupation
sujet de préoccupation
v. concern

point (source) de désaccord
sujet de contestation
    (de controverse)
question en controverse
différend
litige
point en litige
objet du litige
pomme de discorde
enjeu (?)
fond du débat (?)
v. challenge

at (in) issue :

contesté
controversé
débattu
en cause
en controverse
en débat
en jeu
en litige
litigieux
mis en doute
mis en question
qui pose un problème

JOINT VENTURE

coentreprise
entreprise commune
entreprise en participation (en coparticipation)
association en participation (?)
entreprise d'économie mixte [*entre l'État et le secteur privé*]
entreprise à risques communs
société momentanée (?)
filiale commune (?)
joint venture (?)
v. partnership

coentrepreneur (coparticipant) [joint venturer]
accord de coentreprise [joint venture agreement]

opération conjointe
action commune (concertée)
projet (programme) en commun (?)
v. pool

JUNIOR [*younger; of more recent appointment or admission or lower status; associated with another in a secondary role*]

jeune
plus jeune (que)
cadet
fils [*ex. : Frèdelin Leroux fils*]
junior (?)

nouveau
débutant
apprenti (?)
stagiaire (?)
non confirmé
qui a moins d'ancienneté
qui est au-dessous de (?)
inférieur
secondaire
(en) second
petit [*ex. : petit commis; petit fonctionnaire*]
cf. senior

subalterne
subordonné
auxiliaire
adjoint
aide- [*ex. : aide-vérificateur*]

de second rang
de rang inférieur
d'un grade inférieur (?)
de peu d'expérience
de second plan

moins âgé (ancien; élevé;
    expérimenté; influent; etc.)
v. minor

JURISDICTION [*the power, right, or authority to administer justice; a law court; the limits or territorial range of judicial or administrative power; power or authority in general, or the extent of authority*]

compétence(s)
juridiction
ressort
connaissance [*d'une cause*]
pleine juridiction (plénitude de juridiction) [full jurisdiction] [*contr. : compétence d'attribution*]
incompétence [lack of jurisdiction]
conflit de compétence(s) [concurrence of jurisdiction] [*à distinguer du conflit de juridictions*]
clause compromissoire (clause attributive de compétence; clause d'arbitrage) [jurisdictional clause]

être compétent [*contr. : être incompétent; sortir de sa (ses) compétence(s)*]
connaître de [*contr. : ne pouvoir connaître de*]
[*pour un tribunal :*] se déclarer (se reconnaître) incompétent [to decline jurisdiction]
[*pour une partie litigante :*] décliner la compétence (du tribunal) [*par une exception déclinatoire*] [to contest jurisdiction (of the Court)]

relever de
relever de la juridiction (compétence) de
ressortir à
être du ressort (de la compétence) de
entrer dans la (les) compétence(s) de [*contr. : être en dehors de la (des) compétence(s) de*]
être soumis à l'autorité judiciaire de
tomber sous le coup de (?)

tribunal (compétent)
juridiction
instance
conflit de juridictions [jurisdiction conflict] [*c.-à-d. un conflit de compétence(s) entre deux tribunaux*]
v. action, forum

territoire
juridiction
ressort
État
pays
province
administration (?)
collectivité publique (territoriale) (?)
circonscription (?)
v. community, constituency, polity

attributions
pouvoir(s)
compétence(s)
autorité
mandat (?)
v. authority, governance

champ (domaine) d'application
sphère d'attribution (de compétence)
zone de responsabilité
v. scope

être autorisé à
avoir le pouvoir (droit) de
v. empower

KIT [*a set of tools or implements; the container for these and its contents; special clothing and personal equipment required for a certain activity; a set of parts from which something can be assembled; a collection of printed materials issued for instruction and information*]

outils
outillage
matériel
équipement
nécessaire
jeu
assortiment
ensemble
(et) tout le bataclan (le bazar)
    [the whole kit and caboodle]
v. package

trousse (à couture; à outils; de
    réparation(s); de voyage;
    etc.)
trousse de premiers soins
    (d'urgence) [first-aid kit]
nécessaire
mallette
sac

tenue
attirail (?)
affaires
effets
bagages (?)
trousseau (?)
fourbi [*mil.*]
fourniment [*mil.*]
paquetage [*mil.*]
barda [*mil.*]
revue de détail [kit inspection]
boîte à fourbi [kit box]

prêt-à-monter
kit (?)
jeu de construction (?)
maquette d'avion [model aircraft
    kit]
à monter [in kit form]

trousse documentaire (éducative;
    d'information)
ensemble didactique
pochette (de renseignements;
    d'information)
documentation
cahier (dossier) de
    documentation
    (d'information)
dossier (cahier) de presse [press
    kit]
v. background, brief

LAPSING [*the termination of a right or privilege because it was not
renewed or not used within some limit of time*]

péremption [*ex. : péremption des crédits annuels non utilisés*]
déchéance
forclusion
caducité
expiration
extinction
fin de couverture [*assur.*]

fonds non reportables [lapsing funds]
fonds non utilisés (inutilisés) [lapsing funds]
non-utilisation de fonds [lapsing of funds]
crédit annuel [lapsing appropriation]

être (devenir) périmé
se périmer
s'éteindre
expirer
prendre fin
être annulé
devenir caduc
tomber en désuétude
n'être plus valable
cesser d'être en vigueur (d'être valide)
venir à expiration (à échéance; à terme)
ne (pas) pouvoir être reporté
ne plus être couvert par [*assur.*]
v. non-recurring
cf. non-lapsing

LEADER [*a person or thing that conducts or guides, especially by going in front*]

chef (de file)
leader
dirigeant
meneur (d'hommes)
commandant [*mil.*]
responsable
porte-parole (?)
organisateur
maître (d'oeuvre)
artisan
protagoniste
figure de proue

guide
pilote
conducteur (?)
initiateur
précurseur (?)
animateur
entraîneur (d'hommes)
**v. decision maker, driving
    force, officers, officials,
    outstanding, policy maker,
    senior**

diriger
conduire
commander
jouer (avoir) le rôle principal
mener (conduire) la barque
tenir (être à) la barre
être aux leviers de commande
tenir (prendre) les rênes de
v. control

ouvrir (frayer; montrer; tracer) la
    voie (le chemin)
conduire (ouvrir) la marche
être à l'avant-garde de
être le premier à faire qqch.
monter au filet (?)
donner le ton (le la;
    l'exemple) (?)
guider
prendre la tête de
être à la tête (en tête) de
être dans le peloton de tête
v. develop, initiate, promote

leadership [*the position of a
    leader; the ability to lead*] :

leadership
premier rôle
rôle prépondérant
rôle d'orientation (?)
fonctions de chef
mandat (?)
pouvoir
suprématie
hégémonie
prééminence
domination
prépondérance
rayonnement (?)
v. clout, high profile

qualités de chef (de leader;
    d'animateur; d'organisateur)
sens du (aptitude au)
    commandement
esprit d'initiative
ascendant
autorité
direction (conduite) éclairée
    [inspired leadership]
**v. authority, entrepreneurship,
    gumption**

LEVEL [*a position, elevation, or rank on a scale of values*]

niveau

degré

échelon

point

rang

strate (?)

seuil [*de la pauvreté, de
    tolérance, etc.*]

hauteur

palier

stade

phase

v. scope

qualité [*ex. : qualité du service*]

classe

importance (?)

ordre (?)

échelle (?)

montant

chiffre

volume

teneur (?)

taux

cote (d'alerte)

plan [*sur le plan + adj.; sur le
    plan de + subst.*]

point de vue [*du (au) point de
    vue + adj.; du (au) point de
    vue de + subst.*]

optique

v. regarding

LEVEL PLAYING FIELD

règles (du jeu) équitables

respect des mêmes règles

uniformiser les règles du jeu

assujettir aux mêmes règles

appliquer les mêmes règles pour tous

ne désavantager (n'avantager) personne

mettre (traiter) sur un pied d'égalité (sur le même pied)

faire (rétablir) l'équilibre (?)

équilibrer la situation (?)

être sur un pied d'égalité (avec)

jouer sur un terrain d'égalité (?)

lutter (combattre; se battre) à armes égales

v. arm's length (at ___), equity, match

LEVERAGE [*the increased force resulting from the action of a lever; sway; the use of borrowed money in order to pay for something*]

effet de levier
force (d'appui; de levier)
pouvoir (effet) multiplicateur
effet de poussée (?)
avantage (?)
facteur d'amplification (d'accroissement; d'augmentation) [leverage factor]
v. -driven, driving force, incentive, momentum

influence
prise (sur)
poids
moyen(s) d'action (de pression)
v. authority, clout

niveau (degré) d'endettement
effet d'endettement
(effet de) levier financier [financial leverage]
(effet de) levier d'exploitation [operating leverage]
rachat par endettement (rachat avec des capitaux d'emprunt; acquisition
    par emprunt; prise de contrôle par emprunt) [leveraged buyout]
actions achetées à crédit [leveraged stock]

LIKELY [*reasonably to be believed or expected; apparently destined*]

probable
plausible
vraisemblable
possible

il y a des chances (pour) que
    [+ *subj.*]
il y a de bonnes (fortes; grandes)
    chances (pour) que [+ *subj.*]
il se peut (pourrait) (bien) que
    [+ *subj.*]

être susceptible de
être de nature à
être propre à
être à prévoir (?)

il est bien possible que [+ *subj.*]
il pourrait bien [+ *inf.*] [*ex. : il
    pourrait bien pleuvoir cette
    nuit*]

[*qqch.*] promettre de [+ *inf.*]
laisser présager
sembler devoir
devoir [+ *inf.*]
tendre à
risquer (fort) de
v. apparent, hopeful, suggest

vraisemblablement
probablement
sans doute
selon toute vraisemblance
    (apparence; probabilité)
apparemment
sûrement (?)
normalement (?)

LOOK FORWARD TO

être impatient de
penser à qqch. avec impatience
attendre qqch. avec impatience (confiance (?); intérêt; plaisir)
être enchanté (content) à la perspective (l'idée) de
se réjouir à l'idée (la perspective) de
se réjouir d'avance (à l'avance) de
penser d'avance à
avoir hâte de
espérer (que)
être heureux de [*qqch. à venir*]
se faire une fête (joie) de
attacher de l'importance (du prix) à [*qqch. à venir*] (?)

attendre
s'attendre à
escompter [*ou* escompter que + *indic.*]
compter (bien) que
v. hopeful

dans l'attente de votre réponse, ... [I look forward to hearing from you]
en attendant [*des nouvelles, une réponse, etc.*]
en espérant (bientôt; vivement) [*des nouvelles, une lettre, etc.*]
je me ferai un plaisir de [*travailler avec vous, etc.*]
ce sera un (grand) plaisir de
il me tarde de [+ *inf.*] [*ou* il me tarde que + *subj.*]

LOW PROFILE (KEEP A ___)

(chercher à; essayer de) ne pas
   (trop) se faire remarquer
éviter de faire parler de soi (de
   se faire remarquer)
adopter une attitude discrète
agir sans attirer l'attention
   (discrètement)
être (se montrer) discret
adopter (maintenir) un profil
   bas (?)
ne pas faire de vagues (?)
(chercher à) passer inaperçu
se faire tout petit
s'effacer

rester (travailler) dans l'ombre
être (rester) à l'arrière-plan (à
   l'écart; au second plan)
rester (se tenir) dans la coulisse

ne pas faire de bruit (autour de
   qqch.)
être (rester) silencieux (?)
ne pas le crier sur les toits (?)
faire qqch. en sourdine
faire qqch. sans tambour ni
   trompette
se tenir (rester) coi (?)
faire le mort (?)
(vouloir) se faire oublier

discret
effacé
réservé
mesuré
sobre
simple
modeste
tranquille
dépouillé (?)
feutré (?)
furtif (?)
**v. informal, minor, non-
   committal**

réserve
retenue
présence effacée (discrète)
discrétion
modération
cf. high profile

MAINTAIN [*to keep in a condition of good repair, efficiency, or validity; to keep in existence or continuance, persevere in; to provide for; to assert as true*]

entretenir
conserver
maintenir en (bon) état
tenir à jour (en bon état)
mettre à jour
v. operate, rehabilitation, upgrade

maintenir
entretenir
alimenter
nourrir
soutenir
défendre
préserver
conserver
garder
tenir
perpétuer
observer
prolonger
reconduire
poursuivre
insister (?)
persister (dans)
persévérer (dans)
continuer (à)
assurer
exercer (?)
pratiquer (?)
faire fonctionner (?)
v. consistently, follow-up, non-stop

nourrir
entretenir
alimenter
soutenir
faire vivre (subsister)
subvenir aux besoins de
avoir à (sa) charge
prendre en charge
financer (?)
subventionner (?)
v. care, depend on

affirmer (maintenir; prétendre; soutenir) (que)
v. say

MAJOR [*unusually important, serious, or significant; considerable*]

majeur
(très) important
primordial
essentiel
principal
capital
crucial
fondamental
déterminant
prépondérant
dominant
stratégique
(-)clé [*appos.*]

grave
sérieux
conséquent (?)
substantiel
imposant
fort
solide (?)
intense
puissant
impressionnant (?)
marquant
saillant
notable (?)
appréciable (?)

grand
vaste
étendu
élevé
haut
large
profond
gros
lourd (?)
énorme
immense
considérable
**v. comprehensive, emphasis,
    full-scale, high profile,
    instrumental, meaningful,
    outstanding, senior**

d'importance
de première importance
d'une grande importance
d'une importance majeure
        (capitale; exceptionnelle)
de premier plan (ordre; rang)
de première catégorie (?)
d'intérêt majeur

d'envergure
de grande envergure
de grande(s) dimension(s)
de taille (?)
de poids (?)
cf. minor

MATCH [*to put together so as to form a pair or set; to cause to correspond; to procure or produce an exact or suitable counterpart for; to prove a match for; to be equal, similar, suitable, or corresponding to*]

apparier
appareiller
jumeler
coupler

mettre en harmonie (en accord;
   en conformité) (avec)
harmoniser
rendre conforme à
faire concorder (correspondre)
aligner sur
adapter à
assortir (à; avec)
ajuster (à; avec)
accorder (à; avec)
rapprocher
établir un rapport (une
   corrélation) avec (?)
mettre en parallèle (en balance;
   en correspondance)
comparer (à; avec)
contrebalancer
équilibrer
compenser (?)
v. appropriate, consistently,
   offset, relate to, trade-off

offrir autant (que)
consentir des fonds équivalents
faire une proposition équivalente
verser en contrepartie
donner (verser) la même somme
doubler (?)

ne le céder en rien à
ne pas le céder en qqch. à
pouvoir rivaliser avec
être de taille à [+ *inf.*]
faire le poids
être à la hauteur de
être l'égal de

correspondre (convenir;
   répondre) à
cadrer (concorder; s'accorder;
   s'harmoniser) avec
aller (bien; très bien) avec
   (ensemble)
aller de pair avec
se marier (bien;
   harmonieusement) avec
coïncider (avec)
égaler
être pareil à
être identique à
être aussi ... que
être à égalité (parité) avec (?)
être à la mesure de
épouser
suivre
faire la paire (?)
faire pendant à
se faire pendant (?)
s'équilibrer
v. comply with, duplication,
   level playing field

équivalent
correspondant
comparable
analogue
parallèle
réciproque (?)
complémentaire (?)
proportionné (proportionnel)
   à (?)
v. counterpart

à parts égales
à frais partagés
à participation égale (?)
de contrepartie [*ex. : fonds* ___*;*
   subvention ___]

MEANINGFUL

significatif
signifiant (?)
éloquent
expressif
symptomatique
révélateur
entendu (?)
parlant
qui parle
qui en dit long
qui fait sens
qui a un (du) sens
qui peut être compris
compréhensible
intelligible
clair
v. articulate, case (strong ___),
   self-evident

important
d'importance
profond
poussé
riche
sérieux
sûr (?)
appréciable
effectif
positif
concret (?)
v. major

utile
valable
constructif
sensé
cohérent (?)
réfléchi (?)
v. appropriate

meaningless :

dénué (dépourvu; vide) de sens
qui n'a pas de sens (aucun sens)
qui ne veut rien dire (ne signifie
   rien)
incompréhensible

nul
vain
inutile
futile
irrationnel
insignifiant
insensé
gratuit [*ex. : crime gratuit;*
   violence gratuite]
v. inappropriate

sans signification
sans contenu

sans intérêt
sans importance
v. minor

MEMBERSHIP

adhésion
affiliation
appartenance
qualité de membre
participation (?)
droits d'inscription (droits
    d'adhésion; abonnement (?);
    cotisation) [membership
    dues; membership fee(s)]
carte de membre (d'adhérent; du
    parti; etc.) [membership
    card]
v. involve

membres
adhérents
affiliés
cotisants (?)
effectif(s)
États (pays) membres
ensemble des membres
liste des membres (?)
composition (?)
v. constituency, partnership

nombre de(s) membres
nombre d'adhérents
    (des adhérents)

MINOR [*comparatively unimportant*]

mineur
petit
modeste
minime
léger
modique (?)
moindre
inférieur
subalterne
réduit
restreint
de portée restreinte (limitée)
limité
superficiel
maigre
mince
faible
menu
ténu (?)
bas (?)
**v. decrease, junior, low profile,
    scarce**
cf. major

secondaire
d'ordre (d'importance; d'intérêt)
    secondaire
de second ordre (de seconde
    zone)
de moindre importance
peu important
de peu d'importance
    (d'envergure)
v. non-essential

banal
médiocre
insignifiant
accessoire
négligeable
bénin
non urgent (?)
peu grave
v. meaningful (meaningless)

MOMENTUM [*speed or force of motion acquired by a moving body, or something held to resemble such force of motion; impetus*]

vitesse (acquise)
élan
essor
lancée
allure
rythme (ascendant)

force
impulsion
dynamisme (?)
mouvement
progression (?)
courant (?)
dynamique
effet (?)
v. driving force, leverage

être en perte de vitesse (perdre
de la vitesse; s'essouffler)
[to lose momentum]
poursuivre sur sa lancée (sur son
élan; sur son erre (?); dans la
foulée (de)) [to maintain the
momentum]
ne pas émousser l'enthousiasme
[to keep the momentum] (?)
[*qqn*] avoir la situation bien en
main (avoir l'initiative) [to
be [*the momentum*] on
someone's side] (?)

to gain (gather) momentum :

prendre de la vitesse (de l'élan;
son envol; son essor)
acquérir de la force (de la
vitesse)
avoir le vent en poupe (dans les
voiles)
progresser (rapidement)
gagner du terrain
décoller (?)
démarrer (?)
prendre un bon départ (?)
s'accentuer
s'accélérer
se précipiter
s'amplifier
prendre de l'ampleur
v. develop, increase

MONITOR [*to check, observe, or watch (closely) for purposes of control, surveillance, etc.*]

suivre (de près)
suivre le déroulement
(l'évolution) de
assurer le suivi de

contrôler
exercer un contrôle (un contrôle
suivi) sur
contrôler l'évolution de

surveiller
surveiller l'évolution de
exercer une surveillance sur
superviser (?)

observer
examiner
être à l'écoute de
se tenir au courant de (?)
**v. aware, control, follow-up,
progress report, screening**

NON-

non-cash
hors caisse
hors trésorerie
hors liquidités
sans effet sur la trésorerie (les
    liquidités)
sans décaissement (effectif)
sans mouvement de fonds
qui ne comporte aucun
    décaissement
autre (autrement) qu'en espèces
    (qu'en numéraire)
en nature (?)
non financier (?)
crédité (?)

non-committal
évasif
élusif
diplomatique (?)
réservé
peu révélateur
non compromettant
qui n'engage à rien
qui ne s'engage à rien
qui ne s'avance (se compromet;
    se prononce) pas
qui ne déclare pas son opinion
qui ne se compromet pas
qui observe une sage (prudente)
    réserve (?)
qui fait preuve de réserve quant
    à
**v. focus (out of ___), low
    profile, tentative**
cf. commitment

non-compliance
non-observation
inobservation
non-exécution
inexécution
non-obéissance
désobéissance
non-respect
non-application
non-conformité
refus d'obéir (d'acquiescer;
    d'obtempérer; de se
    conformer) (à)
résistance
insoumission
manquement (à)
infraction (à)
dérogation (à)
v. ignore
cf. comply with

non-concessional
aux conditions du marché
à des conditions commerciales
assorti de conditions normales
sans conditions de faveur
v. arm's length (at ___)

non-detachable
fixe
indémontable
non amovible
non détachable
v. built-in

non-essential
accessoire
superflu
peu important
non essentiel
v. minor

non-expendable
durable
permanent
non consomptible
non fongible
récupérable (?)
fonds à capital permanent (fonds
    non distribuable) [non-
    expendable fund]

non-lapsing
permanent
reportable
reconductible
renouvelable
non annulable (?)
cf. lapsing

non-recurring
    (non-recurrent)
exceptionnel
extraordinaire
ponctuel
non répétitif
non périodique
non récurrent
une fois pour toutes (?)
non susceptible de se répéter
v. lapsing

non-returnable
non consigné
non repris
perdu [*ex. : emballage perdu;*
    verre perdu]
à usage unique
jetable (?)

non-standard
particulier
spécial
atypique
personnalisé
non standard
non standardisé
non normalisé
non courant
non classique
non conforme [*à la langue*
    correcte, à la norme, etc.]
critiqué
familier
populaire
v. informal

non-stop
sans arrêt
sans escale
direct
ininterrompu
sans interruption
sans cesse
incessant
permanent
continu
en continu
non-stop (?)
v. consistently, maintain

non-uniform
variable
inégal
varié
irrégulier
non uniforme
non homogène

OFFICERS

responsables
dirigeants
cadres
état-major
direction
haute direction
hauts fonctionnaires
agents supérieurs
**v. authority, leader, officials,
    senior**

bureau [*d'une assemblée, d'une
    association*]
membres du bureau
comité directeur

officer :

agent
fonctionnaire
responsable
membre de la direction
administrateur (?)
directeur (?)
officier (?)

policier
agent (de police)
gardien de la paix (?)
officier [*mil.*]

OFFICIALS

représentants (officiels)
officiels
milieux officiels
autorités
dirigeants
responsables
gens en place (?)
intervenants (?)
collaborateurs (?)
v. authority, leader, officers

senior officials :

(hauts) dignitaires
(hautes) personnalités
hauts représentants
hauts fonctionnaires
hauts responsables
hauts dirigeants
hautes instances
haut personnel
haute administration
v. senior

official :

représentant (officiel)
porte-parole (officiel)
personnage officiel
agent (public)
fonctionnaire
employé
préposé (?)

arbitre [*sport*]
officiel [*sport*]
commissaire [*sport*] (?)

OFFSET [*to counterbalance, set off as an equivalent, compensate for*]

compenser
contrebalancer
équilibrer
faire équilibre (contrepoids) à
mettre [*qqch. et qqch.*] en
    balance
pondérer [*qqch. par qqch.*]
désamorcer
neutraliser
faire pièce à (?)
combattre (?)
v. match, preempt

annuler
effacer
faire oublier
absorber
éponger
amortir [*un achat, un
    investissement*]

remédier à [*qqch. par qqch.*]
corriger
réparer
rattraper (?)
racheter (?)
dédommager (?)

avoir (trouver) sa contrepartie
    dans (?)
venir (être porté) en déduction de
    [to be offset against]

de compensation
de contrepartie
compensatoire
compensateur
symétrique (?)
v. counterpart, trade-off

OPEN-ENDED [*not rigidly defined or controlled, unrestricted as to
    duration, direction, amount, etc.*]

indéfini
indéterminé
illimité
non limitatif
non dirigé
non directif
non plafonné
non restrictif
v. informal

de (à) durée illimitée
    (indéterminée)
à composition (participation) non
    limitée (?)
d'application non restreinte (?)
v. comprehensive

libre
ouvert
souple
flou (?)
variable
extensible
flexible
modifiable
évolutif
v. focus (out of ___), tentative

sans limites (fixes; précises)
sans limitation (de durée; de
    temps)
sans fin (?)
sans orientation précise (?)
sans programme fixe (?)

OPERATE [*to be in action, function; to exert force or influence, produce an effect; to put or keep working or in operation; to bring about or produce by or as if by the exertion of force or influence*]

fonctionner
marcher
tourner
travailler
être en service (en exploitation;
    en (plein) fonctionnement;
    en marche; en usage)

agir (sur)
faire effet (sur)
opérer (sur)
influer sur
jouer (contre; pour; en faveur de)
entrer en jeu
intervenir
v. affect, -driven

s'appliquer
être en vigueur
produire son effet (ses effets) (?)
avoir pour effet de [to operate so
    as to]
prendre effet (?)
entrer en vigueur (?)
v. involve

mettre en service (en oeuvre; en
    usage; en vigueur)
mettre en action (en marche; en
    mouvement)
faire jouer (agir)
faire fonctionner (marcher;
    tourner)
assurer le fonctionnement (la
    marche) de
**v. action, implementation,
    initiate, maintain**

exploiter
assurer l'exploitation de
mettre en valeur
faire valoir
se servir de
utiliser
tirer parti de
v. develop, follow-up

gérer
administrer
diriger
conduire
mener
manier
manoeuvrer
actionner
commander
manipuler (?)
v. control, procedure

tenir [*un café, un hôtel*]
avoir
avoir des bureaux
traiter des affaires
faire affaire
être ouvert (?)

opérer
accomplir
exécuter
faire
effectuer
réaliser
pratiquer
exercer
produire
entraîner
provoquer

OPPORTUNITY [*a condition or time favorable for attainment of a goal,
or for advancement or success; timeliness*]

chance
occasion (favorable; propice; à
    saisir)
conjoncture (situation) favorable
conditions favorables
circonstance opportune
moment opportun (propice)
opportunité (?)
bonne fortune (?)
filon (?)
facilité(s) (?)
prétexte (?)
v. appropriate, facilities

possibilité (offerte; qui s'offre;
    qui s'ouvre)
possibilité d'action
moyen [*de réussir*]
perspective (d'avenir)
horizon
ouverture
créneau
vacance (?)
débouché
marché (?)
proposition
offre (d'emploi)
perspective (possibilité) d'emploi
    (de carrière)
recours (en dernier __) [as a last
    area of opportunity] (?)
**v. available, challenge,
    channel, empower, scope**

opportunité
à-propos
v. timely

saisir (profiter de) l'occasion
    pour
ne pas perdre (manquer)
    l'occasion de
ne pas laisser échapper (perdre)
    l'occasion
prendre (saisir) l'occasion par les
    (aux) cheveux (?)
prendre (attraper; saisir) la balle
    au bond
en profiter

avoir le loisir de
avoir beau jeu de (pour)
avoir toute liberté (latitude) pour
    [to have full opportunity to]

-ORIENTED

axé sur
centré sur
articulé sur (autour de) (?)
orienté vers
tourné vers
dirigé vers
infléchi vers
v. concentrate on, focus

conçu pour
spécialement (principalement;
    surtout) conçu pour
conçu (dirigé) selon l'optique de
    (en fonction de)
conçu en pensant à
s'adressant à
faisant appel à
visant à
**v. basis (on the ___ of), relate
    to**

allant dans le sens de
privilégiant le rôle de
conforme à (aux intérêts de; à la
    logique de)
adapté à (aux besoins de)
consacré à
voué à (?)
au service de
pro-
qui favorise ...
qui prône ... (?)
qui se situe plutôt à [*droite,
    gauche*] (?)
qui penche pour (du côté de)
v. commitment, -driven

soucieux de
conscient de
ouvert à
vivement intéressé à (par)
attiré par
enclin à
porté à
mordu de (?)
marqué par
teinté de
v. concern

à orientation ...
à vocation ...
à dominante ...
à préoccupation ...
à (de) tendance ...
à (de) caractère ...
à visage humain [people-
    oriented]
à dimension ...
à saveur ... (?)
à but (objectif) ...
à visées ...

d'inspiration ...
d'esprit ...
de mouvance ...
d'allégeance ... (?)

OUTPUT [*the act of producing; the work done or amount produced, as in a given time; the power or energy delivered by a machine*]

production
débit
sortie
extraction [*inform.*]
émission (?)
expression (?)
exécution [*des projets, des travaux, etc.*] (?)
vitesse d'impression [output speed] [*inform.*]
cf. input

rendement
production
produit(s)
résultat(s)
extrant(s) (?)
output (?)
réalisation(s)
oeuvre(s)
travail
documents produits (?)
état imprimé [output document; output report] [*inform.*]
données de sortie (résultats) [output data] [*inform.*]
v. delivery, provide, result in

puissance
travail
rendement
volume (?)
signal (?)

OUTSTANDING [*standing out from others, especially by excellence; remaining undetermined, unfulfilled, unsettled, unpaid, etc.*]

exceptionnel
extraordinaire
remarquable
éminent
insigne
unique (?)
excellent
admirable
formidable (?)
épatant (?)
saillant
marquant
mémorable
dominant
frappant
sublime (?)
(-)vedette [*appos.*]
v. high profile, leader, major

de premier ordre
de premier plan
de première (grande) valeur
de première importance
de grande distinction (?)

hors du commun
hors série
hors ligne
hors pair
hors classe

sans égal
sans pareil

non réglé (acquitté; amorti;
    déposé; encaissé; exécuté;
    exercé; liquidé; payé;
    réalisé; recouvré; remboursé;
    résolu; traité; versé; etc.)
pas encore réglé (acquitté; etc.)
qui reste à faire (à régler; etc.)
à recouvrer (à percevoir; etc.)
v. agenda, issue

arriéré
impayé
payable
dû
restant dû (?)

pendant
inachevé
irrésolu (?)
subsistant (?)
inemployé (?)

en suspens
en cours
en cours de règlement (?)
en instance
en attente
en souffrance
[*action, obligation, titre, etc.*] en
    circulation

OVERVIEW

vue d'ensemble (générale)
aperçu (de la question)
examen général (global; rapide; succinct)
exposé sommaire
survol
synopsis
tour d'horizon
synthèse (?)
v. background, brief

PACKAGE [*a group, combination, or series of related items or elements offered, provided, or sold as a single unit, or to be accepted or rejected as a whole*]

ensemble
assemblage
assortiment
combinaison
groupement
groupe
série
bloc
forfait
package (?)
lot
tout [*le ___; un ___*]
v. built-in, kit

documentation
dossier
liasse

programme
plan
système
mécanisme
v. scheme, system

train (batterie; ensemble; série)
    de mesures
marché (contrat) global
offre (entente; formule; solution)
    globale
achat forfaitaire
voyage organisé (à forfait)
    [package tour]
faisceau [*d'arguments, de
    preuves*]
éventail (gamme; panoplie) [*de
    services, etc.*]

PARTNERSHIP

société
société de personnes
société en nom collectif [general
    partnership]
société d'acquêts [partnership of
    acquests]
association
partenariat
union (?)
équipe (?)
**v. corporate, equity, joint
    venture, membership**

partenariat
association
participation
collaboration
coopération
alliance
concertation (?)
solidarité (?)
travail d'équipe (?)
v. pool, self-help

s'associer à (avec)
être associé à (avec)
travailler en association avec
joindre (associer) ses efforts à ceux de

travailler en commun
mener une action commune

PATTERN [*anything designed to serve as a model, guide, plan, etc., for something to be made; a combination of acts, movements, qualities, tendencies, or other observable features forming a consistent or characteristic arrangement*]

patron
canevas
tracé
moule
matrice
maquette
gabarit
calibre

cadre
armature
ossature
v. framework

modèle
exemple
type
plan
schéma
esquisse
échantillon
v. design

formule
méthode
système
standard
principe
processus
procédé
règle
modalités
v. procedure

structure
schème
constitution
composition
configuration
conformation
disposition
combinaison
jeu
association
arrangement
aménagement
agencement
contexture
texture
style
ordre
ordonnance
ordonnancement
organisation
économie
répartition
distribution
pattern (?)
v. format, scheme, system

échelle
hiérarchie
gamme
grille

circuit
parcours
réseau
groupement
tout [*ex. : s'insérer dans un tout*]
série
chaîne
cercle vicieux (?)
mécanisme
dispositif
v. channel

motif
dessin
figure
broché
modelé
marque
empreinte
sculptures [*à la surface d'un
    pneu*]

ligne
coupe
galbe
courbe
diagramme
forme
profil
silhouette
contour

aspect
tournure
physionomie
caractère
allure (?)

scénario
trame
thème
grandes lignes (?)

tendance
orientation
conception
sens
genre
nature
catégorie
comportement
façon
mode
manie (?)
v. type

conjoncture
situation
contexte
climat

cheminement
évolution
démarche
marche
déroulement
enchaînement
logique
tour
cours
rythme
régime
mouvement
modulation
courant
trajectoire

constante
régularité
répétition
invariant
caractéristiques
habitude(s)
pratique(s)
coutume(s)
usage(s)
norme
cycle
filière
ornière
v. consistently

POLICY [*a plan, principle, set of ideas, or course or method of action adopted and pursued by a government, party, organization, group, individual, etc.*]

politique (générale)
orientation(s)
ligne de conduite (d'action)
principe(s)
principe(s) directeur(s)
principes généraux (d'action)
doctrine
règle(s)
règle(s) de conduite (d'action)
règles à observer
modalités
directives
instruction(s)
règlement
consigne
v. approach

attitude
position
vues
façon de voir (?)
v. scheme

mesure(s)
action
décision
choix (?)
volonté(s)
manière (façon) d'agir
conduite
méthode
pratique
système
régime
technique
v. action, polity, procedure, system

plan (arrêté)
plan d'action (d'activité; d'intervention)
programme (d'action)
stratégie
tactique
calcul (?)
(grands) objectifs
but
v. agenda, purpose

---

policy change :

changement de fond (fondamental; d'orientation; en profondeur)
changement de cap
réorientation

policy maker :

décideur
décisionnaire
dirigeant
stratège (?)
planificateur
technocrate (?)
responsable
responsable de l'action gouvernementale (de la conduite des affaires publiques; de la politique; de l'élaboration des politiques)
artisan (architecte; inspirateur (?)) de la politique
v. decision maker, leader, policy-making body, public policy

policy-making body :

organe (organisme) directeur
 (décideur; décisionnaire;
 délibérant; dirigeant; de
 décision; de direction;
 d'orientation)
organe (instance) d'élaboration
 (de formulation; de
 préparation) des décisions
 (directives; etc.)
centre de décision
**v. decision maker, policy
 maker, public policy**

policy paper :

document (exposé) d'orientation
document de base
document directif
exposé de principe(s) (de
 vues (?))
énoncé de politique
instruction (?)
v. policy statement

policy statement :

déclaration (énoncé; exposé) de
 principe(s)
déclaration d'intention
énoncé de politique
prise de position
v. policy paper

public policy :

politique (mesure) d'intérêt
 public
politique officielle
 (gouvernementale)
intérêt général (public)
ordre public
ligne de conduite suivie par les
 pouvoirs publics (?)
gestion des affaires publiques (de
 la chose publique)
gestion publique (?)
façon de concevoir les affaires
 publiques (?)
**v. policy maker, policy-making
 body**

POLITY [*political or governmental organization; a politically organized unit*]

régime (politique)
forme de gouvernement
constitution politique
organisation politique (administrative)
administration politique
institutions politiques (nationales) (?)
v. governance, policy, system

État
corps politique
entité (politique)
v. community, jurisdiction

POOL [*a readily available supply; a combination of interests for some common purpose or advantage; the persons who so combine their interests; a facility or service shared by a group of people*]

réservoir
réserve
pépinière
parc
bassin (réservoir) de main-
    d'oeuvre [labour pool; pool
    of workers]
masse (?)
liste (?)

fonds commun
caisse commune
mise en commun
entente
accord
covoiturage [car pool]
v. joint venture

groupe
groupement
ensemble
association
concentration
pool
consortium
comptoir
cartel
trust
syndicat (?)
v. partnership

bureau
centre
service central
central dactylographique [typing
    pool]
pool
équipe
v. facilities

PREEMPT [*to secure before anyone else can; to prevent by acting first; to replace, supplant*]

acquérir (obtenir) par (droit de)
    préemption
exercer (faire jouer) son droit de
    préemption
préempter
droit de préemption (droit
    préférentiel de souscription)
    [preemptive right]

s'adjuger
s'approprier
s'attribuer
s'arroger (?)
acquérir d'avance (au préalable)
prendre unilatéralement
empiéter sur (?)

prévenir
devancer
anticiper
désamorcer
contrecarrer
barrer (couper) la route à qqn
couper l'herbe sous le pied à
    (de) qqn
aller à l'encontre de (?)
attaque préventive (anticipée;
    préemptive; à titre préventif;
    par anticipation) [preemptive
    strike]
**v. control, deterrent,
    disincentive, offset**

remplacer
évincer
éliminer
se substituer à

PROCEDURE [*a method of doing things, especially the customary way, or the sequence of steps to be followed*]

procédure
modalités
formalités
forme(s)
règle(s)
instructions
consigne
ligne de conduite (?)
marche à suivre
manière (façon) de procéder
filière
v. action, operate, policy

usage(s)
pratique
coutume

mode (de fonctionnement)
formule
méthode
démarche
itinéraire (?)
plan
protocole (?)
processus
mécanisme
procédé (?)
technique (?)
**v. approach, channel, pattern,
    schedule, scheme, system**

PROGRESS REPORT

état (rapport) périodique
compte rendu sur l'état d'avancement des travaux (du projet)
rapport sur l'état (l'avancement; le déroulement; l'évolution) des travaux
rapport sur l'état de la question
rapport sur l'activité en cours
rapport sur la situation
rapport d'activité
rapport d'étape
rapport provisoire (?)
rapport
compte rendu
situation (?)
v. background, track record

bulletin de santé
bulletin scolaire

faire le point
exposer l'état (le dernier état) de la question
faire (dresser; rédiger) un rapport sur l'état de la question
dresser un état périodique de
rendre compte de l'évolution (des progrès) de
rendre compte des délibérations (travaux)
v. accountability, follow-up, monitor

PROMOTE [*to help forward; to further the popularity, sales, etc. of by advertising; to bring or help to bring into being*]

favoriser
encourager
promouvoir
préconiser
faciliter
servir
amener (?)
v. emphasis, urge

appuyer
soutenir
défendre
parrainer
présenter
v. endorse

stimuler
animer
pousser
hâter
activer
faire progresser
développer
v. incentive, increase

aider à
contribuer à
travailler à
oeuvrer pour la cause de (?)
v. support

faire connaître (valoir)
faire de la publicité (réclame (?))
    pour
faire la promotion de
mettre en valeur
faire mousser (?)
vanter (?)
v. advocacy

lancer
fonder
monter
organiser
mettre sur pied
prendre l'initiative de
donner l'impulsion à
être le promoteur (fondateur) de
être l'organisateur (l'artisan;
        l'auteur; l'initiateur;
        l'inspirateur; l'instigateur) de
**v. develop, implementation,
        initiate, leader, sponsor**

PROVIDE [*to furnish, supply, make available; to afford or yield; to stipulate*]

fournir
procurer
accorder
attribuer
donner
offrir
dispenser (?)
octroyer (?)
prodiguer (?)
ménager (?)
assurer
assigner qqch. à qqn
mettre qqch. à la disposition
    de qqn

pourvoir de
munir de
équiper de
doter de
garnir de
nantir de (?)

verser
allouer
injecter
consentir
avancer (?)
v. input, support

transmettre
communiquer
remettre
laisser (?)
apporter
présenter
produire
soumettre (?)
faire parvenir
envoyer
délivrer
livrer
distribuer
**v. available, channel, delivery,
    output**

créer
faire
établir
instituer
constituer
être
faire office de (?)
comporter
contenir
v. develop

prévoir
disposer
stipuler (?)
porter
édicter
énoncer
prescrire
fixer
régler
arrêter
v. ensure

provided (that) :

pourvu que
à condition que (de)
sous réserve que
étant entendu que (?)
en admettant que (?)
si
seulement si
moyennant
v. assumption

PURPOSE [*an intended or desired result; the reason for which something exists or is done, used, etc.; resoluteness, determination*]

but
objet
objectif
fin
finalité (?)
enjeu (?)
v. focus

dessein
résolution
intention
projet
aspiration (?)
propos
vues
visées
idée
message
thèse (?)
**v. agenda, challenge, design,
       policy, scheme**

motif
cause finale
raison
raison d'être
intérêt
pourquoi [*le ___*]
esprit
intention
**v. account of (on ___),
      rationale**

usage
utilité
destination
destinée (?)
v. result in

détermination
résolution
ferveur (?)
application
fermeté
volonté (de fer) (?)
**v. commitment, concentrate
      on, dedication**

for the purpose(s) of :

en vue de
dans l'intention (le but; le
           dessein) de
afin de
pour
à l'effet de (?)
à des fins [+ *adj.*]
visant à
destiné à

pour les besoins de
pour l'application de
aux fins de
au titre de
au sens de (?)
dans un esprit de [*vengeance,
      etc.*]
en fonction de (?)
dans l'optique de (?)
dans le cadre de (?)
**v. basis (on the ___ of),
      regarding, within**

RATIONALE [*the fundamental reason(s), or logical basis, serving to account for something; a reasoned exposition of controlling principles (as of an opinion, practice, or phenomenon)*]

raison(s) (fondamentale(s); profonde(s))
fondement(s)
base(s) (logique(s))
assise(s)
principe
logique
raisonnement
pourquoi [*le* ___]
le(s) pourquoi et le(s) comment (?)
raison d'être
motif(s)
mobile(s) (?)
critère(s) (?)
v. account of (on ___), basis (on the ___ of), purpose

justification (raisonnée)
exposé (raisonné)
analyse (raisonnée)
explication rationnelle

REFER TO [*to send or direct someone for information, action, or anything required; to hand over or submit something for consideration, settlement, etc.; to turn to for information or help; to make reference or allusion to*]

renvoyer à
envoyer à
adresser à
diriger vers
mettre en rapport (en relation(s)) avec
recommander à (?)
confier à (?)
déférer à (?)

soumettre à
proposer à
présenter à
renvoyer à
transmettre à
en référer à qqn
saisir de
porter devant (?)
déférer à (?)
v. delivery

consulter
s'adresser à
faire appel à
avoir recours à
invoquer (?)

se référer à qqn (à l'avis de qqn; à un texte [*comme à une autorité*])
se reporter à [*tel ou tel document*]
s'en rapporter à qqn (au jugement de qqn)
s'en remettre à qqn (à la décision de qqn)
v. depend on

mentionner
signaler
rappeler
faire mention (état) de
faire référence à
faire allusion à
évoquer
parler de
citer
appeler (qualifier de) [refer to ... as ...]
v. identify, say, suggest

en réponse à [referring to]
(comme) suite à [referring to]
v. response (in response to)

s'appliquer à
correspondre à
se rapporter à
référer à (?)
viser
désigner
signifier (?)
v. reflect, regarding, relate to

REFLECT [*to express or show; to be reflected, or mirrored*]

refléter
exprimer
traduire
manifester
dénoter
évoquer (?)
révéler
indiquer
marquer
montrer
accuser
trahir
illustrer (?)
transmettre (?)
faire ressortir
faire apparaître
laisser apparaître (transparaître)
**v. identify, refer to, say,
    suggest**

témoigner de
être une indication (l'indice) de
être la marque (le reflet; le
    signe) de
être marqué (frappé) au coin de
porter l'empreinte (la marque) de
être révélateur de
être représentatif de
être inspiré de
correspondre à
faire écho à (?)
tenir à (?)
**v. account of (on ___), depend
    on**

se refléter dans (sur)
se manifester dans (par)
se répercuter sur (dans)
transparaître
ressortir
trouver un écho dans (?)
trouver son expression dans (?)
v. result in

to reflect on (upon) [*to bring
    back (credit, discredit, etc.)
    by association*] **:**

rejaillir sur
faire (grand) honneur à
faire (du) tort à
porter atteinte à
nuire à
nuire à la réputation de
jeter le déshonneur sur
déshonorer
discréditer
éclabousser
v. affect

REGARDING

au sujet de
à propos de
à l'égard de
au titre de
vis-à-vis de
au regard de
à l'endroit de [*qqn*]

sur le plan de
au niveau de (?)
au (du) point de vue de
sous le rapport de
dans le contexte de
dans le domaine de
au (sur le) chapitre de
en matière de
en fait de

relativement à
par rapport à
quant à

sur
pour
envers (?)
de [*ex. : informer qqn* de *ses intentions; penser qqch.* de *qqn*]

en (pour) ce qui concerne
en ce qui touche
en ce qui se rapporte à (?)
pour ce qui regarde
pour ce qui est de

concernant
touchant
visant
intéressant
portant sur
ayant trait à
se rapportant à
relatif à
qui a rapport à
qui traite (parle) de
**v. affect, basis (on the ___ of), deal with, level, purpose, refer to,
relate to**

REHABILITATION

remise en état (en ordre)
remise en exploitation (en usage)
remise à neuf

restauration
réfection
rénovation
réhabilitation
reconstruction
réédification
réinstallation
rééquipement

modernisation
rajeunissement
réaménagement
réorganisation
reconversion
régénération
renouvellement
revalorisation
relance
reprise

redressement
rétablissement
reconstitution
relèvement
assainissement
rectification
renflouement
sauvetage (?)
v. maintain, upgrade

réhabilitation
réintégration
réinsertion
réadaptation
rééducation
reclassement
réinstallation
resocialisation
désintoxication
cure (?)
convalescence (?)

RELATE TO [*to establish a connection between; to be connected to in any way; to establish a social or sympathetic relationship with*]

lier à
relier à
associer à
rattacher à
rapporter à

établir un rapport (un lien; un
    rapprochement; une relation)
    entre ... et ...
rapprocher
mettre en relation(s) (en rapport)
faire (établir) le lien entre ...
    et ...
situer ... relativement (par
    rapport) à ...
établir les correspondances
    voulues entre ... et ... (?)
v. match

être lié (apparenté; associé;
    relié) à
être en rapport avec
avoir un rapport avec
se rapporter à
se rattacher à
avoir trait (rapport) à
porter sur
concerner
viser
toucher (à)
ressortir à
appartenir à
relever de
dépendre de
se rapprocher de (?)
sous-tendre (?)
**v. affect, deal with, depend on,
    involve, refer to,
    regarding, -oriented**

entrer (se mettre) en rapport avec
établir (entretenir) des rapports
    avec
se comporter avec (à l'égard de;
    envers; vis-à-vis de)
vivre avec
v. contact

se lier avec
s'entendre avec
communiquer avec
se mettre dans la peau de (?)

comprendre
apprécier
se reconnaître en (dans)
se retrouver dans (?)
accrocher à (?)
être interpellé par (?)
se sentir concerné par
être touché par
v. care, concern

RESPONSE [*answer, reply or reaction*]

réponse
réaction
accueil
attitude (en face de; en
    réponse à)
suite (donnée à)
mesure correctrice (?)
riposte (?)
v. action, backlash

solution
choix (?)
intervention (?)
v. deal with

écho
résonance
effet (produit par) (?)
adaptation
v. feedback, responsive

in response to :

en réponse à
(comme) suite à
par suite de
face à
en fonction de (?)
**v. basis (on the ___ of), refer
    to**

RESPONSIVE [*reacting quickly, appropriately, or favorably to appeals, suggestions, influences, efforts, etc.*]

réceptif (à)
attentif (à)
sensible (à)
ouvert (à)
accueillant (à)
à l'écoute (de)
disposé à
sensibilisé à
sympathique à
enthousiaste
proche de (?)
v. aware, goodwill

qui réagit rapidement
    (favorablement) à
qui répond bien
v. appropriate, response

souple
nerveux
adaptable
flexible
élastique
dynamique (?)
vif
v. sensitive

RESULT IN

avoir pour résultat (conséquence;
    effet)
donner
produire
causer
amener
apporter
entraîner
provoquer
engendrer
créer
susciter
occasionner
v. involve, reflect

mener à
conduire à
donner lieu à
[*qqch.*] ouvrir la porte à (?)
aboutir à
déboucher sur
faire que [+ *indic.*]

se solder par
se terminer par
v. eventually

résultat
résultante (?)
bilan
constat
produit
fruit
rendement
aboutissement
issue
conclusion
v. bottom line, output, purpose

effet
conséquence
corollaire (?)
suite
répercussion
retentissement
portée (?)
impact
incidence
retombées
implications
séquelles (?)
v. backlash, develop, feedback

[*avec l'indicatif :*]

de (telle) manière que
de (telle) sorte que
en sorte que
de telle façon que
au (à ce) point que
à (un) tel point que
tellement que
(tant et) si bien que

d'où (il résulte que)
il en résulte que
(d'où) il s'ensuit que
de là (vient que)
**v. account of (on ___), basis
    (on the ___ of)**

SAY

<table>
<tr><td>

dire
exprimer
énoncer
formuler
émettre
prononcer
exposer
décrire
expliquer
raconter
rapporter
confier
communiquer
révéler
dévoiler
signaler
mentionner

parler de
faire état (part) de
faire connaître
(faire) observer
(faire) remarquer
v. refer to

déclarer
affirmer
soutenir
souligner
professer
proférer
prétendre
avancer
faire la déclaration suivante :
faire valoir (ressortir) ce qui
    suit :
v. emphasis, maintain

penser
estimer
croire
considérer
imaginer
supposer
v. assumption, suggest

réciter [*des prières, un poème*]
faire [*sa prière*]
célébrer [*la messe*]

</td><td>

admettre
reconnaître
avouer
concéder
convenir
accorder

répondre
objecter
alléguer
répliquer
rétorquer
riposter
protester

ajouter
poursuivre
préciser
reprendre
rappeler

tenir les propos suivants :
émettre l'avis (l'opinion)
    suivant(e) :
exprimer ce point de vue :
s'exprimer ainsi :
aborder ainsi la question :
décrire (ainsi) le processus :
offrir la réflexion (l'observation)
    suivante :
conclure :

porter ces mots :
indiquer
marquer
annoncer
dénoter
signifier
v. identify, reflect

d'après ..., ...
selon ..., ...
suivant ..., ...
de l'avis de ..., ...

au(x) dire(s) de
selon le(s) dire(s) de

</td></tr>
</table>

SCARCE [*deficient in quantity, size, or amount compared with the demand or need; existing in limited quantity, rare*]

insuffisant
faible
minime
modique
modeste
maigre
pauvre
**v. available (unavailable),
       competing**

rare
limité
restreint
réduit
clairsemé

peu abondant
peu fréquent
peu nombreux
v. minor

manque
carence
insuffisance
crise (?)
pénurie
disette

rareté
raréfaction (?)

faire (cruellement) défaut
manquer

se raréfier
se faire rare
v. decrease

manquer de
être à court de
être à sec (?)
avoir de la peine (du mal) à
       [*obtenir, se procurer qqch.*]

à peine
tout juste
guère
très peu
pratiquement aucun
pas (peu) souvent
rarement

presque pas
presque plus
presque rien
presque jamais

SCHEDULE [*a timed plan or procedure; a timetable; a written or printed list of details, often as an appendix or explanatory addition to another document*]

calendrier (d'activité; des
    activités; des examens; de
    travail; d'exécution; etc.)
programme
échéancier
prévisions
schéma
plan
planning (?)
timing (?)
**v. agenda, blueprint,
    procedure, scheme**

emploi du temps
horaire
indicateur
guide (?)

en avance (sur l'horaire; le
    programme; les prévisions;
    etc.) [ahead of schedule]
en retard (sur l'horaire; etc.)
    [behind schedule]

**as scheduled (according to
    schedule; on schedule) :**

comme prévu
suivant (selon) l'horaire prévu
    (les prévisions)
à l'heure (la date) prévue (fixée)
ponctuellement (à l'heure; à
    temps)
dans les temps (les délais)
dans le délai fixé
v. comply with, timely

liste (officielle)
rôle

annexe
appendice
avenant

tableau (complémentaire)
table
grille
barème
échelle

tarif(s)
taux (?)

devis
cahier des charges

état
bilan
inventaire
nomenclature

bordereau
note (notice) explicative
descriptif
feuille
bulletin
imprimé

formulaire (?)
questionnaire (?)

SCHEME [*a planned undertaking; a plot; a system of connected things, parts, thoughts, etc., or the manner in which it is organized*]

plan
schéma
projet
programme (d'action)
dessein
idée
v. agenda, blueprint, purpose, schedule

entreprise
opération
affaire
mesure
initiative (?)
ouvrage (?)
v. exercise

intrigue
combinaison
machination
menées
manigance
combine
magouille (?)
micmac (?)
tripotage (?)
conspiration
cabale
complot
manoeuvre (frauduleuse)
procédé malhonnête
v. engineering

système
théorie
régime
v. package, system

thème
esprit
conception [*des choses*]
façon de voir [*les choses*]
monde (?)
v. policy

dispositif
mécanisme
mécanique
procédé
formule
méthode
v. approach, procedure

réseau
périmètre

arrangement
disposition
combinaison
ordre des choses [scheme of things]
organisation
économie
cadre
structure
schème
assortiment
aménagement
ordonnance
agencement
classification
v. design, format, framework, pattern

SCHOLAR [*a learned or erudite person, especially one having profound knowledge of a particular branch of learning; the holder of a scholarship*]

érudit
savant
lettré
intellectuel
spécialiste
universitaire (?)
chercheur (?)
v. academic, authority

boursier
détenteur d'une bourse (?)
bourse (d'études) [scholarship]

SCOPE [*the range or extent of outlook, action, application, inquiry, influence, etc.; the area over which an activity operates or is effective; room or opportunity for free activity, movement, etc.*]

étendue
envergure
portée
rayon d'action
diffusion (?)
importance
ampleur
profondeur (?)
v. level

limites
délimitation
contours (?)

capacité(s)
moyens

compétence(s)
ressort
domaine
sphère (d'attribution)
v. jurisdiction

champ
champ d'action (d'activité)
champ (domaine) d'application
sphère (d'action; d'activité)
cadre
v. field, within

latitude
marge (de liberté; de manoeuvre)
liberté (d'action)
possibilité(s)
occasion(s)
perspective(s) (d'avenir; d'évolution)
v. empower, opportunity

SCREENING [*the act of examining carefully so as to separate (people, objects, ideas, etc.) into different groups, select or reject according to character, competence, suitability, etc., or determine the presence or absence of a quality, disease, etc.*]

tri
triage
différenciation
classement (?)

examen (essai) sélectif (de sélection)
épreuve sélective
épreuve (questions) éliminatoire(s)

sélection (préalable; préliminaire)
sélection sur dossier
présélection
écrémage
v. appraisal

filtrage
tamisage
criblage
épuration
nettoyage (?)

dépistage
examen (test) de dépistage
examen (systématique)
étude (des besoins) (?)
analyse (?)
v. canvassing

surveillance
vérification
contrôle
v. control, monitor

SELF-

self-evident

(tout à fait) évident
évident en soi (?)
nettement intelligible
(parfaitement) explicite
parlant

qui va de soi
qui va sans dire
qui tombe sous le sens
qui saute aux yeux (crève les
    yeux)
qui se voit comme le nez au
    milieu du visage (de la
    figure) (?)
qui est clair comme le jour
    (comme de l'eau de roche)
qui parle (s'explique) de lui-
    même
qui ne fait aucun doute
qui coule de source
qui se passe d'explication(s) (de
    commentaires)
dont l'évidence s'impose
v. apparent, meaningful

self-help

effort personnel (individuel;
    propre)
apport individuel (personnel)
initiative personnelle
autonomie
système D (?)
débrouillardise
autoapprentissage
    (autoassistance;
      autoprotection; autothérapie;
      etc.)
assistance mutuelle
effort collectif
entraide
solidarité (?)
v. community, gumption,
    partnership, self-reliance,
    support

self-realization

épanouissement (personnel)
autoréalisation (?)

se réaliser
s'accomplir
réaliser son potentiel
v. empower

self-reliance

auto-assistance
autonomie (collective)
indépendance
confiance en soi

s'aider soi-même
s'aider mutuellement
utiliser ses propres ressources
agir par ses propres moyens
compter sur ses propres moyens
    (sur soi)
ne compter que sur soi-même
se débrouiller (tout) seul
se prendre en charge (en
    main) (?)
prendre en main (être maître de)
    son destin (?)
v. arm's length (at ___),
    community, empower, self-
    help, self-sufficiency

self-sufficiency

autosuffisance
autoapprovisionnement
indépendance (économique)
autarcie

subvenir (soi-même) à ses
    besoins
vivre de ses propres ressources
v. self-reliance

SENIOR [*longer or longest in service; higher or highest in rank or standing; associated with one or more others in a primary role*]

plus ancien
le plus ancien
qui a (le) plus d'ancienneté
ayant de l'ancienneté (?)
confirmé
chevronné
expérimenté
d'expérience

supérieur
de grade (niveau; rang) supérieur
plus élevé
haut [*ex. : haut fonctionnaire;
     haut personnel*]
haut placé
plus haut placé
de haut rang (niveau)
**v. authority, officers, officials
     (senior officials)**

à haut niveau
à un niveau élevé
au niveau des hauts
     fonctionnaires (?)
cf. junior

principal
premier
en premier (?)
de première classe (?)
en chef
-chef (?)

dirigeant
d'encadrement
de direction
de haute direction

influent
très influent
puissant
important
très important
le plus important
de premier plan
(-)clé [*appos.*]
v. clout, leader, major

SENSITIVE [*highly perceptive or responsive to external stimuli, mental impressions, the feelings of others, etc.; easily hurt, disturbed, irritated, etc.; requiring caution, delicate; involving matters of a secret or delicate nature*]

sensible (à)
sensibilisé à
réceptif (à)
accessible (à)
qui réagit vivement (fortement) à
prompt à réagir
nerveux
névralgique
v. aware, responsive

délicat
fin
aigu
v. sophisticated

compatissant (?)
humain (?)
v. care

impressionnable
influençable
instable
fluctuant

susceptible
facilement blessé (offensé)
fragile
vulnérable
ombrageux
chatouilleux
**v. affect (to be affected by),
    concern**

délicat
sensible
critique
de nature critique (délicate)
suscitant des préoccupations (?)
chaud [*ex. : point chaud*]
explosif
épineux
difficile
v. challenge

confidentiel
à caractère (de nature)
    confidentiel(le)
secret
d'accès restreint (?)
fermé (?)

SOPHISTICATED [*refined, cultured, knowledgeable; highly developed or complicated*]

raffiné
distingué
élégant
chic
fin
délicat
subtil
aux goûts raffinés
d'une élégance raffinée
qui a du savoir-vivre
qui a de la classe (?)
v. sensitive

étudié
savant (?)
recherché
plein de recherche

averti
avisé
mûr
évolué
bien informé
expérimenté
compétent (?)
v. aware

sophistiqué
(hautement; très) perfectionné
technologiquement avancé
de haute technologie
de haute technicité
de pointe
d'avant-garde (?)

(très) avancé
(très) poussé
élaboré
complexe
plein de complexité
compliqué
ingénieux
pensé (?)

SPONSOR [*a person who vouches or assumes responsibility for some other person or thing; a person or group that pledges or gives financial assistance, often for purposes of advertising, public relations, etc.; a person who puts forward and supports a proposal, or who suggests holding and organizes an activity*]

répondant
parrain
marraine
parraineur (?)
défenseur
garant
caution

commanditaire
bailleur de fonds
donateur
mécène
sponsor (?)
annonceur

auteur [*d'une motion, d'une proposition, etc.*]
motionnaire (?)
initiateur
promoteur
animateur

sous les auspices de
sous l'égide de
sous le patronage de
avec le parrainage de

à (sur) l'initiative de

parrainer
accorder son parrainage à
être le parrain (la marraine) de
être le répondant de
répondre de
être (se porter) garant de
se porter caution pour
cautionner
patronner
appuyer
soutenir

commanditer
être le commanditaire de
parrainer
sponsoriser (?)
v. advocacy, endorse

s'engager à rémunérer (à donner de l'argent à)
encourager
financer
subventionner
payer (?)
v. support

promouvoir
lancer
organiser
être l'auteur (l'initiateur; etc.) de
présenter [*un projet de loi, etc.*]
proposer
v. develop, initiate, promote

SUGGEST

proposer
suggérer
conseiller
recommander
indiquer
préconiser
engager à
inviter à
inciter à
v. brief, urge

mentionner que
dire que
penser que
estimer que
supposer que
croire pouvoir dire que
être d'avis que (de)
exprimer (émettre) l'avis (l'idée;
    l'opinion) que
avancer que
prétendre que (?)
faire valoir que (?)
v. assumption, say

suggérer
insinuer
sous-entendre
faire (laisser) entrevoir
évoquer (l'idée de)
faire penser à
avoir l'air (de) (?)
sentir
rappeler
dénoter
exprimer
montrer
v. refer to, reflect

sembler dire que
sembler indiquer que
autoriser à penser que
donner à penser (à entendre) que
laisser entendre (deviner;
    paraître; penser; supposer)
    que
v. likely

suggestion :

proposition
suggestion
recommandation
indication
conseil
idée
avis

évocation
allusion
insinuation
implication

soupçon
pointe
trace
nuance
ombre

SUPPORT [*to give assistance to; to give courage or strength to; to be in favor of, back; to substantiate or tend to substantiate*]

aider
appuyer
soutenir
épauler
assister
seconder (les efforts de)
servir (les intérêts de)
intervenir en faveur (au bénéfice;
    au profit) de (par solidarité
    avec)
contribuer au succès de
pousser à la roue
v. promote

venir en aide à
tendre la main à
donner un coup de main à (?)
apporter son appoint à
accorder (offrir; prêter) son
    appui à
fournir (donner) un appui à
offrir un point d'appui à
apporter (prêter) son concours à
accorder (apporter) son soutien à
donner (prêter) son assistance à
apporter sa contribution
    (collaboration;
    coopération) à
apporter un soulagement à
soulager
v. care, goodwill

secourir
venir (se porter) au secours de
porter (prêter) secours
    (assistance) à
prêter (donner) main-forte à
empêcher d'échouer (de
    fléchir) (?)
v. backup

contribuer à
participer à
subventionner
financer
faire un don à (?)
v. input, provide, sponsor

soutenir
appuyer
donner du courage à
donner (inspirer) confiance à
encourager
réconforter
remonter (?)
supporter (?)

approuver
recommander
patronner
cautionner
avaliser
soutenir
appuyer
défendre
favoriser
accepter
adhérer à
souscrire à
se rallier à
donner son adhésion à
être pour
voter pour
donner sa voix à
prendre parti pour
se ranger à l'avis (l'opinion) de
se déclarer d'accord avec
    (partisan de)
parler (être; se déclarer; se
    prononcer) en faveur de
v. advocacy, endorse, urge

corroborer
appuyer
étayer
confirmer
justifier
renforcer
donner du poids à

SYSTEM [*a combination of material or immaterial things forming a complex unity; a particular order, organization, or structure; a fixed plan, method, or procedure*]

système
ensemble
groupe
bloc
corps
organisme
appareil
unité
service
compagnie (?)
fichier
complexe
espace
v. package

réseau
filière
circuit
chaîne
filet (de sécurité) (?)
v. channel

appareillage
équipement
machine
dispositif
mécanisme
outillage
canalisation (?)
installation
instruments
moyens
v. facilities

régime
organisation
système
ordre
establishment (?)
structure
infrastructure
édifice
architecture
constitution
arrangement
agencement
trame
économie
forme
échelle
hiérarchie
v. framework, pattern, polity, scheme

méthode
procédure
procédé
processus
mode
démarche
méthodologie (?)
plan
formule
système
pratique
règle(s)
institution(s) (?)
convention(s) (?)
v. approach, formal, policy, procedure

TENTATIVE

provisoire
préliminaire
transitoire
temporaire
initial (?)
v. ad hoc

expérimental
approximatif
conjectural
hypothétique

de principe (?)
officieux (?)

pas définitif
sujet à révision (modification)
révisable (?)
conditionnel (?)
v. open-ended

incertain
hésitant
timide
indécis
v. non-committal

à titre d'essai (d'expérience; de
    projet)
à titre temporaire (expérimental;
    provisoire; etc.)
avant-projet [tentative draft]
v. approach, blueprint, design

TIMELY [*occurring, done, etc. at the right time; occurring, done, etc. in time or promptly*]

opportun
qui arrive (survient; tombe;
    vient) à propos
qui tombe pile
qui arrive (tombe) à pic (?)
de saison (?)
v. appropriate

opportunément
à point (nommé)
en temps opportun (utile)
au moment opportun (favorable;
    propice)
au bon moment
v. opportunity

rapide
exécuté (présenté; produit; etc.)
    rapidement
qui respecte le(s) délai(s)

rapidement
(juste) à temps
dans les délais
sans délai (?)
v. schedule (as scheduled)

TRACK RECORD [*the past performance of a person, organization, or product*]

dossier
parcours
bilan
palmarès
résultats obtenus
réputation
carrière
états de service
antécédents (professionnels; de travail)
expérience (professionnelle)
rendement antérieur (?)
passé (?)
v. background, progress report

to have a good (proven) track record :

avoir fait ses preuves
avoir accompli beaucoup
avoir obtenu (remporté) beaucoup de succès
avoir plus d'un(e) ... à son actif
avoir un bon dossier
avoir une réputation bien établie
jouir d'une excellente réputation (pour ce qui est de)
avoir un bon palmarès (professionnel)
avoir une bonne expérience [+ *adj. ou* de + *subst.*]
posséder une compétence reconnue dans (en)

TRADE-OFF [*an exchange, especially to effect a compromise; a balancing of considerations, goals, etc.*]

échange
compromis
concessions mutuelles (réciproques)
accommodement (?)
compensation (entre ... et ...)
substitution (?)
relation de réciprocité [trade-off relationship]
v. offset

dosage
mise en balance
moyen terme (entre ... et ...)
importance relative de ... et de ... (?)
harmonisation (des intérêts; des objectifs; des options; etc.)
choix (entre ... et ...) (?)
avantages et inconvénients (?)
gains et pertes (?)
v. match

TYPE [*a group or class of persons or things having distinct characteristics in common; the general form, character, structure, or style distinguishing some class or group; a person or thing that has the distinctive characteristics of, or represents perfectly a class or category*]

genre
espèce
sorte
type
classe
famille
catégorie
groupe
race
variété

forme
type
style
manière
genre
v. format, pattern

type
archétype
prototype
personnification
représentant (parfait; typique)
type (exemple) parfait
exemple (type) même
exemple (typique)
échantillon (typique)
modèle

UPGRADE [*to raise in effectiveness, importance, performance, quality, rank, value, etc.*]

hausser
rehausser
augmenter
élever
promouvoir [*qqn*]
relever
revaloriser
réviser (revoir) à la hausse
porter (de ...) à [*un degré,
    niveau, etc., supérieur*]
accroître le rendement de
v. develop

améliorer
perfectionner
raffiner
assainir (?)
purifier (?)
transformer en [*qqch. de mieux*]
enrichir
ennoblir

actualiser
mettre à jour
mettre à niveau [*inform.*]
moderniser
rénover
réhabiliter (?)
v. maintain, rehabilitation

produire (installer) une version
    plus récente (plus
    puissante) de
acheter (changer pour) une
    nouvelle version (la dernière
    version) de
passer à un système
    (équipement) plus puissant

to be on the upgrade :

monter
augmenter
progresser
tendre à la hausse
être en hausse
être en progrès
être en bonne voie
v. increase

URGE [*to advocate strongly; to ask or solicit earnestly; to press upon the attention, insist on; to press forward, speed up*]

recommander fortement (vivement; avec insistance)
conseiller vivement (fortement)
exhorter (encourager; exciter; inciter) (fortement) à
préconiser
prôner (?)
prescrire de (?)
presser (instamment) de
pousser (fortement; vivement) à
engager (fort; avec insistance) à
insister pour (que)
v. advocacy, promote, suggest, support

demander avec insistance (avec instance)
prier (demander) instamment
recommander
solliciter
réclamer
implorer (?)
supplier de (?)
conjurer de (?)
adjurer de (?)

mettre en avant
faire valoir
insister sur
avancer
alléguer
objecter (?)
v. emphasis

hâter
accélérer
activer
presser
solliciter
aiguillonner
éperonner
animer
pousser
encourager
talonner (?)
v. -driven, driving force, incentive

WITHIN [*in, inside of; in the period of; not beyond in distance, time, etc.; in the scope of*]

dans
au sein de
au milieu de
parmi
en
à l'intérieur de
intra-
au(-)dedans (en dedans) de
dans les rangs de (?)
au (du) nombre de
entre (?)
v. built-in, core, including, involve

pendant
au cours de
dans le courant de
dans un délai de (... à compter de)
dans les [*deux heures, etc.*] suivant ...
dans [*l'heure, etc.*] qui suit
en l'espace de [*quelques jours, etc.*]
à [*deux mois, etc.*] d'intervalle

d'ici (à)
avant la fin de
en deçà de
en moins de
à moins de [*deux kilomètres, etc.*] (de)
moins de [*un mois, etc.*] après (avant)
à [*un kilomètre, etc.*] seulement (de)
à [*qqch.*] près
à [*un doigt, trois jours, etc.*] de
jusqu'à ... de [*ex. : jusqu'à un centimètre du bord*]

à (la) portée de
dans un rayon de
à [*un kilomètre, etc.*] à la ronde
dans le périmètre (l'enceinte) de (?)
à l'échelon [*régional, etc.*] (?)
v. scope

dans le cadre (les limites) de
dans la mesure de [*ses moyens, etc.*]
selon
suivant
conformément à
v. basis (on the ___ of), comply with, purpose

INDEX ANGLAIS

ANTECEDENTS → background
ANTICIPATE → hopeful, likely, look forward to, preempt
ANTINOMIC → ironic
ANXIETY → concern
APART FROM → however
APPARATUS → facilities, kit
APPARENT
APPARENTLY → likely
APPEAL TO → urge
APPEARING → apparent, emerging
APPENDAGE → extension
APPENDIX → schedule
APPERTAIN → relate to
APPLICABLE → appropriate
APPLICATION → enforcement, exercise
APPLY TO → affect, concern, deal with, relate to
APPOINTEE → officers, officials
APPORTION → dispose of
APPRAISAL
APPRAISE → appraisal
APPRECIATION → appraisal
APPREHENSION → concern
APPROACH
APPROPRIATE → preempt
APPROPRIATE
APPROVE → clearance, endorse
APPROVED → formal
APROPOS → appropriate
APROPOS OF → regarding
APT → appropriate
ARCHETYPE → pattern, type
ARDOR → commitment, dedication, goodwill
AREA → field, jurisdiction, scope
ARENA → background, forum
ARGUE → advocacy, case, issue, say
ARISE FROM → depend on
ARISING → emerging
ARM'S LENGTH (AT ___)
ARM'S LENGTH PRICE → arm's length
ARM'S LENGTH PRINCIPLE → arm's length

AROUSE → challenge, incentive
ARRANGEMENT → design, dispose of, format, framework, pattern, scheme, system
ARREST → control
ARRESTING → outstanding
ARROGATE → preempt
ARTERY → channel
ARTICULATE
AS → account of
AS A RESULT OF → account of
ASCENDANCY → authority, leverage
ASCERTAIN → ensure
AS LATE AS → as recently as
AS LIKELY AS NOT → likely
AS LONG AS → provide
ASPECT → component
ASPIRATION → purpose
AS RECENTLY (LATE) AS
AS REGARDS → regarding
AS SCHEDULED → schedule
ASSEMBLE → match
ASSEMBLY → forum
ASSENT → comply with
ASSERT → maintain, say
ASSERTIVE → aggressive
ASSESSMENT → appraisal
ASSEVERATE → say
ASSIDUITY → care, concentrate on
ASSIST → instrumental, junior, promote, provide, support
ASSOCIATION → community, corporate, involve, joint venture, membership, partnership, relate to
ASSUME → preempt
ASSUMPTION
ASSURE → ensure
ASSURED → hopeful
AS TO → regarding
ASTUTENESS → gumption
AS WELL AS → addition, including
AT A DISTANCE → arm's length
AT A PREMIUM → scarce
AT HAND → available
AT ISSUE → issue

BELONGING → membership
BENEFICENCE → goodwill
BENEVOLENCE → goodwill
BESEECH → urge
BESIDE(S) → addition, however
BESPEAK → reflect
BE THAT AS IT MAY →
    however
BET ON → depend on
BETRAYAL → exposure
BETTER → upgrade
BEYOND → addition
BIG → major
BIG SHOT → clout
BILL → certificate
BIND → involve
BIRD'S-EYE VIEW → overview
BIRTH → develop
BLANKET → comprehensive
BLOCK → corporate, deterrent,
    package
BLUEPRINT
BLUEPRINT ACT → blueprint
BLUEPRINT APPROACH →
    blueprint
BLUEPRINT-ORIENTED →
    blueprint
BLUEPRINT PLANNING →
    blueprint
BLURRED → focus
BLURRY → focus
BODY → community,
    membership, pool
BODY POLITIC → polity
BOLD → aggressive, challenge,
    gumption
BOLSTER → support
BOOK PUBLISHER → editor
BOOKWORM → scholar
BOOMERANG → backlash
BOOST → incentive, increase,
    promote, support
BOSS → control, decision
    maker, leader, senior
BOTHER → concern
BOTTOM LINE
BOUNDS → jurisdiction
BRACE → support
BRAINSTORMING
BRANCH → component
BRAVE → challenge

BREAK → opportunity
BREAK THE ICE → initiate
BREATH → suggest
BREED → develop, type
BRIDLE → control
BRIEF (-ING)
BRIGHT → hopeful
BRIGHT THOUGHT →
    brainstorming
BRING → provide
BRING ABOUT → action,
    engineering, operate
BRING FORTH → develop
BRING TO MIND → suggest
BRING UP → refer to
BROAD → comprehensive,
    open-ended
BROADEN → develop,
    extension, increase
BRUSH ASIDE → ignore
BUILD → develop, format
BUILDING → facilities
BUILD ON → depend on,
    follow-up
BUILD UP → increase
BUILT-IN
BUILT-IN
    OBSOLESCENCE →
    built-in
BULL'S EYE → focus
BUOYANT → hopeful
BUOY UP → support
BUREAUCRAT → officers,
    officials
BURY ONE'S HEAD IN THE
    SAND → ignore
BUT → however
BUTTRESS → support
BUYOUT (LEVERAGED
    ___) → leverage
BY REASON OF → account of
BY VIRTUE OF → account of

C

CADRE → framework
CALENDAR → agenda,
    schedule
CALL → identify

CONCERNING → deal with,
  regarding
CONCLUSION → bottom line,
  dispose of, finalize, result in
CONCOCT → engineering
CONCORDANT → consistently
CONCUR → endorse
CONCURRENCE OF
  JURISDICTION →
  jurisdiction
CONDITION (ON THE ___
  THAT) → provide
CONDITIONAL ON → depend
  on
CONDITIONS → environment
CONDUCIVE → instrumental
CONDUCT → action, channel,
  control, deal with, dispose
  of, leader, operate, procedure
CONFERENCE → forum
CONFIDENT → hopeful
CONFIGURATION → format,
  framework, pattern
CONFINES → scope
CONFIRM → endorse, ensure,
  support
CONFLICTING → competing
CONFORM → comply with
CONFRONT → challenge
CONFUSED → focus
CONGLOMERATE →
  partnership
CONGRESS → forum
CONJECTURAL → tentative
CONJOINT → corporate
CONNECTION → concern,
  consistently, contact,
  involve, partnership, relate
  to
CONNOISSEUR → authority
CONNOTE → suggest
CONSCIOUS → aware, -oriented
CONSENT → comply with,
  goodwill
CONSEQUENCE → account of,
  follow-up, result in
CONSERVE → maintain
CONSIDERABLE → major
CONSIDERATION → care,
  concern, deal with
CONSIDERING → account of

CONSIGN → refer to
CONSISTENT → consistently
CONSISTENTLY
CONSOLIDATE → corporate,
  follow-up
CONSORTIUM → pool
CONSPICUOUS → high profile,
  outstanding
CONSPIRACY → scheme
CONSTANCY → dedication,
  purpose
CONSTANTLY → consistently,
  non-stop
CONSTITUENCY
CONSTITUENT → component
CONSTITUTION → format
CONSTRAIN → control,
  disincentive, -driven,
  enforcement, urge
CONSTRICTION → decrease
CONSTRUCTION → design,
  format
CONSULT → input, refer to
CONSUME → dispose of
CONTACT
CONTACT LIST → contact
CONTAIN → control, including,
  involve
CONTEND → maintain
CONTEND WITH → challenge,
  competing, deal with
CONTENTIOUS → aggressive,
  challenge
CONTEST → challenge
CONTEST JURISDICTION →
  jurisdiction
CONTEXT → background,
  environment
CONTINGENT ON → depend
  on, provide
CONTINUE → consistently,
  extension, follow-up,
  maintain, non-stop
CONTRACTION → decrease
CONTRADICT → challenge,
  competing
CONTRIBUTE TO →
  instrumental, promote,
  provide, support
CONTRIVE → develop,
  engineering, scheme

CUSTOM → goodwill, pattern, policy, procedure
CUSTOMARILY → consistently
CUT → ignore
CUTTING → decrease
CYNOSURE → focus, pattern

D

DAMPER → deterrent, disincentive
DANGER → exposure
DARE → challenge, entrepreneurship
DASH → entrepreneurship
DATA → brief, input
DATA-GATHERING → canvassing
DEAL EFFECTIVELY WITH → deal with
DEAL WITH
DEARTH → scarce
DEBATE → canvassing, forum
DEBRIEFING
DECELERATION → decrease
DECIDE → finalize
DECIDEDNESS → emphasis
DECISION MAKER
DECISIVE → major
DECLARE → maintain, say
DECLINE → decrease
DECLINE JURISDICTION → jurisdiction
DECORATION → pattern
DECREASE
DECREASE IN VALUE → decrease
DECRESCENDO → decrease
DEDICATION
DEDUCTION → decrease
DEED → action
DEEMED → assumption
DEEP → comprehensive
DEEP CONCERN → concern
DE-ESCALATION → decrease
DEFEAT → dispose of
DEFEND → advocacy, maintain, support
DEFER TO → comply with
DEFICIENT → scarce

DEFINE → identify, say
DEFINITE → emphasis, formal
DEFLATION → decrease
DEFRAYAL → clearance
DEFUSE → control
DEFY → challenge, ignore
DEGRADATION → decrease
DEGREE → level, scope
DELAY → extension
DELEGATE → empower
DELIBERATION → forum
DELICATE → sensitive, sophisticated
DELINEATE → blueprint, identify, say
DELIVER → delivery, refer to, say
DELIVERABLES → delivery
DELIVERY
DELIVERY CAPACITY → delivery
DEMAND → challenge
DEMONSTRATE → reflect, say
DEMOTIVATION → deterrent, disincentive
DEMUR → challenge
DENIAL → challenge
DENUNCIATION → exposure
DEPARTMENT → field
DEPEND ON
DEPLETION → decrease
DEPRECIATION → decrease
DEPRESSION → decrease
DERIVE FROM → depend on
DESCEND FROM → depend on
DESCENT → decrease
DESCRIPTION → identify, say
DESIGN
DESIGNATE → identify
DESIGNED TO → -oriented
DESIRE → purpose
DESK EDITOR → editor
DESTROY → dispose of
DETAIL → develop
DETAILED → comprehensive
DETECT → exposure, identify
DETERIORATION → decrease
DETERMENT → deterrent, disincentive

DETERMINATION →
  commitment, dedication,
  purpose
DETERMINE → appraisal,
  ensure
DETERRENT
DETERRENT FEE → deterrent
DETERRENT TO SUCCESS →
  deterrent
DEVELOP
DEVELOPED → sophisticated
DEVELOPMENT → develop
DEVICE → pattern, scheme,
  system
DEVISE → develop, engineering
DEVOLUTE → empower
DEVOTION → commitment,
  dedication
DEVOUR → dispose of
DIAGRAM → blueprint, pattern
DICTATED → enforcement
DIFFERING
  BACKGROUNDS →
  background
DIFFICULTY → deterrent
DIFFIDENT → tentative
DIGEST → overview
DIGNITARY → officers,
  officials
DILATE → develop, extension,
  increase
DILIGENCE → care, concentrate
  on
DIM → focus
DIMINISH → control, decrease
DIPLOMA → certificate
DIRECT → brief, channel,
  control, -driven, emphasis,
  governance, leader, operate,
  refer to
DIRECTED → -oriented
DISAGREEMENT → issue
DISCARD → dispose of,
  clearance
DISCERN → identify
DISCERNABLE → apparent
DISCERNMENT → gumption
DISCHARGE → action,
  clearance, dispose of,
  exercise, implementation
DISCIPLINE → exercise, field

DISCLOSE → exposure, say
DISCONTINUOUS → non-
  uniform
DISCOUNT → ignore
DISCOURAGEMENT →
  deterrent, disincentive
DISCOVER → develop
DISCRETE → self-contained
DISCRETION → low profile
DISCUSS → deal with, forum
DISINCENTIVE
DISMISS → dispose of
DISOBEY → ignore, non-
  compliance
DISPATCH → dispose of
DISPLAY
DISPLAY → reflect
DISPOSE OF
DISPOSITION → design
DISPROPORTIONATE →
  inappropriate
DISPUTE → challenge, issue
DISQUIET → concern
DISREGARD → ignore
DISSENT → challenge, non-
  compliance
DISSIMILAR → non-uniform
DISSUASIVE → deterrent
DISTANCE → clearance
DISTANCE ONESELF → arm's
  length
DISTENSION → extension
DISTINCT → emphasis
DISTINGUISH → identify
DISTINGUISHED → leader,
  outstanding
DISTRIBUTION → delivery
DISTRICT → jurisdiction
DISTURB → concern
DITCH → dispose of
DIVE → decrease
DIVERSE BACKGROUNDS →
  background
DIVISION → component
DIVULGE → exposure, say
DO → action, deal with, say
DO AWAY WITH → dispose of
DO BUSINESS WITH → deal
  with
DOCUMENT → identify,
  support

ESTIMATE → appraisal, say
EVACUATION → clearance
EVALUATE → appraisal,
    screening
EVENHANDEDNESS → equity
EVENT → develop, result in
EVEN TERMS → level playing
    field
EVEN THOUGH → however
EVENTUALLY
EVIDENT → apparent
EVINCE → reflect
EVOKE → suggest
EVOLVE → develop, progress
    report
EXACT → formal
EXACTION → enforcement
EXAMINE → canvassing,
    challenge, deal with,
    screening
EXAMPLE → pattern, type
EXCELLENT → outstanding
EXCEPT → however
EXCEPTION → challenge
EXCEPTIONAL → outstanding
EXCHANGE → contact,
    trade-off
EXCITING → challenge
EXECUTE → action, dispose of,
    enforcement, implementation
EXECUTIVE → officers,
    officials
EXEMPLAR → pattern, type
EXERCISE
EXERCISES → exercise
EXERTION → exercise
EXHAUSTIVE →
    comprehensive, full-scale
EXHIBIT → display, reflect
EXHIBITION → display,
    exposure
EXHORT → advocacy, urge
EXPAND → develop, extension,
    increase
EXPANSIVE → comprehensive
EXPECTANT → hopeful
EXPECTED → likely, look
    forward to
EXPEDIENT → ad hoc,
    appropriate
EXPEDITE → promote, urge

EXPERIENCE → background,
    exposure, sophisticated
EXPERIMENTAL → tentative
EXPERT → authority
EXPIRE → lapsing
EXPLAIN → say
EXPLAINABLE →
    accountability
EXPLICIT → formal
EXPLORATION OF ISSUES →
    issues
EXPLORE → canvassing
EXPONENT → advocacy
EXPOSÉ → exposure
EXPOSITION → display,
    rationale
EXPOSURE
EXPRESS → formal, reflect, say
EXPRESSIVE → meaningful
EXTEMPORANEOUS → ad hoc
EXTEND → develop
EXTENDED → comprehensive,
    major
EXTENSION
EXTENSION COURSE →
    extension
EXTENSION LAMP →
    extension
EXTENSION SERVICES →
    extension
EXTENSION WORKER →
    extension
EXTENSIVE → comprehensive,
    full-scale, major
EXTENT → scope
EXTRA → addition
EYE-CATCHING → outstanding

F

FABRIC → framework
FACE → challenge
FACILITATE → promote
FACILITIES
FACSIMILE → counterpart,
    duplication
FACTOR → component
FACTS → brief
FAINT → focus

FOUNDATION → basis,
    framework, grass-roots
FRACTION → component
FRAME → format, framework
FRAME OF REFERENCE →
    framework, system
FRAMEWORK
FREE → available
FREEDOM → scope
FRIENDLINESS → goodwill,
    informal
FRIENDSHIP → goodwill
FROM ... TO ... → decrease,
    increase
FRONT → challenge
FRONT-END
FRONT-END LOAD →
    front-end
FRONT PAGE → high profile
FRUIT → result in
FULFILL → dispose of,
    exercise, implementation
FULL → comprehensive
FULL-DRESS → full-scale
FULL JURISDICTION →
    jurisdiction
FULL OPPORTUNITY (TO
    HAVE ___ TO) →
    opportunity
FULL-SCALE
FULL-SCALE FIGHTING →
    full-scale
FULL-SIZE(D) → full-scale
FUNCTION → operate, purpose
FUND → sponsor, support
FUNDAMENTAL → bottom
    line, focus, grass-roots
FURNISH → provide
FURNISHINGS → facilities
FURTHER → addition, promote
FUTILE → meaningful
FUZZY → focus

G

GAIN → develop, increase,
    increment, provide
GAIN MOMENTUM →
    momentum
GALVANIZE → incentive

GAMUT → scope
GAP → clearance
GATHERING → forum
GATHER MOMENTUM →
    momentum
GAUGE → appraisal, screening
GAUNTLET → challenge
GEAR → kit
GEARED TO → -oriented
GENDER-
GENERAL ASSUMPTION →
    assumption
GENERALLY → consistently
GENERAL PARTNERSHIP →
    partnership
GENERATE → develop
GENEROSITY → goodwill
GENESIS → develop
GENRE → type
GERMANE → appropriate
GESTURE → action
GET → provide
GET AWAY WITH → dispose
    of
GET DONE → finalize
GET IN TOUCH → contact
GET RID OF → dispose of
GET-TOGETHER → forum
GET UNDER WAY → initiate
GET-UP-AND-GO → gumption
GIST → bottom line, core, focus
GIVE → delivery, provide,
    support
GIVE-AND-TAKE → trade-off
GIVE AS ONE'S OPINION →
    say
GIVE AWAY → dispose of
GIVE EFFECT TO →
    implementation
GIVE PRIORITY TO →
    emphasis
GIVE RISE TO → develop
GIVE UP → dispose of
GLOBAL → comprehensive,
    full-scale
GLOVE → challenge
GO → operate
GOAD → incentive, urge
GOAL → purpose
GO ALONG WITH → support
GO-BETWEEN → contact

HIGH ON THE AGENDA →
   agenda
**HIGH PROFILE (KEEP A
   ___)**
HINDRANCE → deterrent
HINGE ON → depend on
HINT → refer to, suggest
HISTORY → background
HIT → affect
HOLD → involve, maintain,
   support
HOLD BACK → control
HOLDINGS → equity
HOLLOW → meaningful
HOME → core
HOMOGENEOUS →
   consistently
HONESTY → equity
HOPE → look forward to,
   purpose
HOPEFUL (-LY)
HORSE SENSE → gumption
HOUSE → corporate, partnership
HOWEVER
HUB → core, focus
HUMAN AGENDA → agenda
HURDLE → deterrent
HYPOTHESIS → assumption
HYPOTHETICAL → academic

I

IDEA → input, purpose
IDENTICAL → duplication
IDENTIFY
IDENTIFY WITH → care,
   endorse
IDENTITY → community
IDLE → available
IF → provide
IF ANY
IF ANYTHING
IF NECESSARY
IGNORE
ILK → type
ILL-DEFINED → focus
ILL-SUITED → inappropriate
IMAGE → display
IMAGINE → say
IMITATE → reflect

IMMINENCE → approach
IMPACT → affect, backlash,
   deal with, result in
IMPAIR → affect
IMPART → provide
IMPARTIALITY → equity
IMPEDIMENT → disincentive
IMPEDIMENTA → kit
IMPEL → -driven, driving force,
   urge
IMPETUS → driving force,
   incentive, momentum
IMPLEMENTATION
IMPLEMENTS → kit
IMPLICATE → involve
IMPLORE → urge
IMPLY → account of, affect,
   follow-up, involve, reflect,
   response, result in, say,
   suggest
IMPORTANCE → concern,
   emphasis, major, meaningful,
   outstanding, senior
IMPORTANT THING (THE
   ___) → bottom line
IMPOSITION → enforcement
IMPRACTICAL → academic
IMPRESS → affect
IMPRESSION → assumption
IMPRESSIONABLE → sensitive
IMPRESSIVE → emphasis,
   major, outstanding
IMPROPER → inappropriate
IMPROVE → develop, increase,
   rehabilitation, upgrade
IMPROVISED → ad hoc
IMPUGN → challenge
IMPULSE → driving force,
   incentive
IN → within
INACCESSIBLE → available
IN ACCORDANCE WITH →
   basis
IN ADDITION → addition
INADEQUATE → inappropriate
IN ALL PROBABILITY →
   likely
INANE → meaningful
INAPPROPRIATE
INAPT → inappropriate
INASMUCH AS → account of

INQUIRE INTO → deal with, follow-up
IN RE → regarding
IN REGARD TO → regarding
IN RESPECT OF → regarding
IN RESPONSE TO → response
INSERTION → input
INSIDE → core, within
INSIGNIFICANT → meaningful, minor, non-essential
INSINUATE → suggest
INSIST → emphasis, enforcement, maintain, urge
INSOFAR AS → account of
INSOMUCH AS → account of
INSPIRED LEADERSHIP → leader
IN SPITE OF → however
INSTALLATION → facilities
INSTEAD → if anything
INSTIGATE → urge
INSTITUTE → initiate
INSTITUTION → corporate
INSTRUCTIONS → brief, debriefing, pattern
INSTRUMENT → certificate, kit
INSTRUMENTAL
INSTRUMENTAL CAPITAL → instrumental
INSTRUMENTALITY → instrumental
INSUBSTANTIAL → meaningful
INSUFFICIENT → scarce
INTAKE → input
INTEGRAL → comprehensive
INTEGRANT → component
INTEGRATED → comprehensive
INTEGRITY → equity
INTELLECTUAL → scholar
INTELLIGIBLE → articulate
INTENSE → aggressive
INTENSIFY → develop, increase
INTENSITY → emphasis
INTENTION → design, purpose
INTENT ON → commitment, concentrate on, dedication
INTERCHANGE → trade-off
INTERDEPENDENCE → relate to

INTEREST → care, concern, incentive, -oriented, partnership
INTERIM → progress report, tentative
INTERIOR → core
INTERMEDIARY → instrumental
INTERMEDIATE → contact
IN TERMS OF → regarding
INTERNAL → within
INTERSPACE → clearance
INTERVAL → clearance
IN THE END → eventually
IN THE FIELD → field
IN THE LIMITS OF → within
IN THE MATTER OF → regarding
INTIMATE → suggest
INTO → within
IN TOUCH WITH → contact
INTRICATE → sophisticated
INTRIGUE → scheme
INTRINSIC → built-in, within
INTRODUCTION → exposure, implementation, initiate, input
INVARIABLY → consistently
INVENT → develop
INVENTORY → schedule
INVEST → empower
INVESTIGATE → canvassing, deal with, follow-up
INVESTMENT → input
IN VIEW OF → account of
INVITATION → challenge, incentive
INVOKE → refer to
INVOLUNTARY → enforcement
INVOLVE
IRONIC (-ALLY)
IRRECONCILABLE → competing
IRREGULAR → informal, non-uniform
IRRELEVANT → inappropriate
IRRITABLE → sensitive
ISSUANCE → delivery
ISSUE → result in
ISSUE

M

MAKE OUT → identify
MAKE REFERENCE TO →
    refer to
MAKE SAFE → ensure
MAKESHIFT → ad hoc
MAKE SURE → ensure,
    follow-up
MAKEUP → design, develop,
    format
MAKE UP FOR → offset, trade-
    off
MALAPROPOS → inappropriate
MALE CHAUVINIST → gender-
MANAGE → action, care,
    control, deal with, dispose
    of, -driven, governance,
    leader, operate
MANDATE → authority
MANIFEST → apparent,
    exposure, reflect, self-
    evident
MANNER → approach
MANOEUVRE → engineering,
    operate, scheme
MAN OF LETTERS → scholar
MANUFACTURE → output
MAP → outline
MARGIN → clearance
MARINE ENGINEERING →
    engineering
MARK → reflect
MARKED → emphasis,
    outstanding
MARROW → core
MASCULINE → gender-
MASS → grass-roots
MASSIVE → major
MASTER PLAN → blueprint
MASTERY → authority, leader
MATCH
MATCHING → match
MATE → duplication, match
MATERIAL → concern,
    meaningful
MATERIALIZING → emerging
MATRIX → format
MATTER → concern, issue
MATURE → develop
MEAN → involve
MEANINGFUL
MEANINGLESS → meaningful

MEANS → approach, facilities,
    instrumental
MEASURE → action, appraisal
MEASURE UP TO → match
MEAT → core
MECHANISM → action,
    facilities, procedure, system
MEDIUM → environment
MEET → challenge
MEETING PLACE → focus,
    forum
MELT → affect
MEMBERSHIP
MEMBERSHIP CARD →
    membership
MEMBERSHIP DUES →
    membership
MEMORABLE → outstanding
MENTION → refer to, say,
    suggest
MERITORIOUS → outstanding
METHOD → approach, pattern,
    procedure, system
METHODICAL → consistently,
    formal
METHODOLOGY → system
METHODS ENGINEERING →
    engineering
MIDDLE → core
MIDDLEMAN → contact
MIGHT → clout
MILIEU → background,
    environment
MILITANT → aggressive
MIND → comply with
-MINDED → -oriented
MINDFULNESS → care,
    concentrate on
MINOR
MIRROR → reflect
MISGIVING → concern
MISGUIDED → inappropriate
MISTY → focus
MITIGATE → control, decrease
MIX → package
MODE → approach, format,
    procedure
MODEL → design, format,
    pattern, type
MODEL AIRCRAFT KIT → kit
MODERATE → control

MODEST → low profile
MODULATE → control
MODULE → component
MODUS OPERANDI →
    procedure, system
MOMENT → emphasis,
    opportunity
MOMENTUM
MONITOR
MORE → addition
MORE LIKELY → if anything
MOREOVER → addition
MOST → major
MOST LIKELY → likely
MOTHER WIT → gumption
MOTIF → design, pattern
MOTION → action
MOTIVATION → -driven,
    driving force, incentive,
    rationale
MOTIVE → account of, basis,
    incentive, rationale
MOULD → format
MOUNT → increase
MOVE → action, affect, suggest
MOVEMENT → action, develop
MOVING FORCE → driving
    force
MULTIFACETED →
    sophisticated
MULTIPLY → develop, increase
MUTUAL REGARD → goodwill

N

NAME → identify
NARROWING → decrease
NATION → community, polity
NATURAL → informal
NEARING → approach
NECESSARY → appropriate,
    enforcement
NECESSITATE → involve
NEEDLESS → non-essential
NEGATE → challenge
NEGLECT → ignore
NEGLIGIBLE → minor
NEGOTIATE → deal with
NEIGHBORHOOD → approach
NETWORK → system

NEUTRAL → gender-
NEUTRALIZE → offset
NEVERTHELESS → however
NITTY-GRITTY → bottom line
NO DOUBT → likely
NO LATER THAN → as
    recently as
NOMINAL → formal
NON-
NON-CASH → non-
NON-COMMITTAL → low
    profile, non-
NON-COMPLIANCE → non-
NON-CONCESSIONAL →
    non-
NON-CONFORMITY →
    non-compliance
NON-DETACHABLE → non-
NON-DISCRIMINATORY →
    equity
NON-ESSENTIAL → non-
NONETHELESS → however
NON-EXPENDABLE → non-
NON-EXPENDABLE FUND →
    non-expendable
NON-LAPSING → non-
NON-OBSERVANCE →
    non-compliance
NON-RECURRING → non-
NON-RETURNABLE → non-
NONSENSICAL → meaningful
NON-STANDARD → non-
NON-STOP → non-
NON-UNIFORM → non-
NORM → pattern, type
NORMALLY → consistently
NOTABLE → major, outstanding
NOT APPROPRIATE →
    inappropriate
NOT BEYOND → within
NOT COMMON → scarce
NOTE → certificate, identify,
    say, suggest
NOTEWORTHY → outstanding
NOT FINAL → tentative
NOTICE → identify
NOTICEABLE → apparent
NOT IMPORTANT → minor
NOTIONAL → academic
NOT MIND → ignore

ORGANIZATION →
  community, design, format,
  polity, system
-ORIENTED
ORIGIN → account of,
  background, grass-roots
ORIGINAL → pattern, type
ORIGINATE → develop, initiate
ORNAMENT → pattern
OSTENSIBLE → apparent
OTHER THAN → however
OUTCOME → bottom line,
  output, result in
OUTFIT → kit, provide
OUTLET → channel
OUTLINE → blueprint, brief,
  design, framework, identify,
  overview, pattern
OUTLOOK → scope
OUT OF FOCUS → focus
OUT OF PLACE →
  inappropriate
OUTPUT
OUTPUT DATA → output
OUTPUT DOCUMENT →
  output
OUTPUT REPORT → output
OUTPUT SPEED → output
OUTREACH → extension
OUTSTANDING
OUTTURN → output
OVER → addition
OVERALL → comprehensive,
  corporate
OVERCOME → control, offset
OVERDUE → outstanding
OVERLOOK → ignore
OVERPOWER → control
OVERSEAS → field
OVERSEE → control, monitor
OVERTHROW → dispose of
OVERTURE → approach
OVERVIEW
OVERWHELMING →
  outstanding
OWED → outstanding
OWING → outstanding
OWING TO → account of
OWNERS' EQUITY → equity

P

PACKAGE
PACKAGE DEAL → package
PACKAGE TOUR → package
PAIR → match
PALE → focus
PALTRY → minor
PANEL → forum
PAN OUT → result in
PAPERS → documented
PAR → level playing field,
  pattern
PARADIGM → pattern, type
PARADOXICAL → ironic
PARALLEL → counterpart,
  match, offset
PARAMOUNT → leader, major,
  outstanding
PARAPHERNALIA → kit
PART → component
PARTICIPATION →
  membership, partnership
PARTISAN → aggressive
PARTNERSHIP
PARTNERSHIP OF
  ACQUESTS → partnership
PART WITH → dispose of
PASS → clearance
PASSAGE → channel
PASS ON → refer to
PASS OVER → ignore
PAST EXPERIENCE →
  background, track record
PATENT → certificate, self-
  evident
PATH → approach, procedure
PATRON → advocacy, sponsor
PATRONAGE → goodwill
PATTERN
PATTERNS OF
  GOVERNANCE →
  governance
PAUCITY → scarce
PAYABLE → outstanding
PAYMENT → clearance
PAY NO ATTENTION TO →
  ignore
PEDAGOGICAL → academic
PEDANTIC → academic

PENDANT → counterpart
PENDING → outstanding
PEOPLE → community,
    constituency
PEOPLE-ORIENTED →
    -oriented
PERCEIVABLE → apparent
PERCEIVE → identify
PERCEIVED → assumption
PERCEPTIBLE → apparent
PERCEPTIVE → aware,
    responsive, sensitive,
    sophisticated
PERFECT → finalize
PERFORM → action, deal with,
    dispose of, implementation,
    operate, procedure
PERFUNCTORY → formal
PERHAPS EVEN → if anything
PERMIT → certificate, empower
PERPETUATE → maintain
PERSISTENCE → consistently,
    dedication, purpose
PERSONIFICATION → type
PERSPECTIVE → approach,
    basis
PERTAIN TO → appropriate,
    relate to
PERTINENT → affect,
    appropriate
PETTY → minor
PHILOSOPHY → approach,
    policy, rationale, system
PHOTOCOPY → duplication
PICK OUT → identify
PICTURE → display
PIECEMEAL → case-by-case
PILOT → control, leader
PINPOINT → identify
PIONEER → initiate, leader
PITH → core
PIVOT → core
PIVOT ON → depend on
PLACE → identify
PLACE CONFIDENCE IN →
    depend on
PLAIN → apparent, articulate,
    grass-roots

PLAN → blueprint, design,
    format, framework, package,
    pattern, policy, procedure,
    purpose, schedule, scheme,
    suggest, system
PLANE → level
PLANNED → built-in
PLANT → facilities
PLAUSIBLE → likely
PLAY → clearance
PLAY UP → emphasis
PLEA → case
PLEAD → urge
PLEDGE → commitment
PLENARY → comprehensive
PLOT → blueprint, scheme
PLOY → scheme
PLUG → promote
PLUNGE → decrease
PLUS → addition, including
POINT → concern, design, issue,
    level, purpose, refer to
POINTED → emphasis,
    meaningful
POINTLESS → meaningful
POINT OF VIEW → approach,
    basis
POINT OUT → say
POLICE → control, enforcement
POLICY
POLICY CHANGE → policy
POLICY MAKER → policy
POLICY-MAKING BODY →
    policy
POLICY PAPER → policy
POLICY STATEMENT →
    policy
POLITICAL
    ORGANIZATION →
    governance, polity
POLITY
POLLING → canvassing
POOL
POOLING OF RESOURCES →
    joint venture, partnership,
    pool
POOL OF WORKERS → pool
POPULAR → grass-roots
POPULARIZE → promote
POPULATION → community,
    constituency, grass-roots

PORTFOLIO → equity
PORTION → component
POSITION → level
POSITIVE → appropriate,
    emphasis
POSSIBLE → likely
POSSIBLY EVEN → if anything
POSTPONEMENT → extension
POSTULATE → assumption
POVERTY → scarce
POWER → authority, clout,
    control, -driven, driving
    force, emphasis, governance,
    jurisdiction, momentum,
    output
POWER BASE → constituency
POWERFUL → aggressive, clout
PRACTICE → approach,
    exercise, policy, procedure,
    system
PRÉCIS → overview
PRECISE → formal
PRECLUDE → deterrent,
    obviate, preempt
PREDOMINANCE → authority,
    emphasis, leader, major
PRE-EMINENCE → emphasis,
    leader, major, outstanding
PREEMPT
PREEMPTIVE RIGHT →
    preempt
PREEMPTIVE STRIKE →
    preempt
PREGNANT → meaningful
PREJUDICE → affect, gender-
PRELIMINARY → front-end
PREMISE → assumption
PREOCCUPY → involve
PREPARATION → brief
PREROGATIVE → authority,
    jurisdiction
PRESCRIBE → control, endorse,
    enforcement, promote,
    suggest
PRESCRIBED → formal
PRESENT → available, provide
PRESENTATION → display,
    exposure
PRESERVE → maintain
PRESS → advocacy, -driven,
    editor, urge

PRESS HOME → emphasis
PRESSURE → enforcement
PRESUMABLE → likely
PRESUME → assumption, say
PRESUPPOSE → assumption,
    involve
PRETEND NOT TO SEE →
    ignore
PREVAILING → leader, major
PREVENT → deterrent, obviate,
    preempt
PRICING → appraisal
PRIM → formal
PRIMARY → leader, major
PRINCIPAL → leader, major,
    senior
PRINCIPLE → basis, focus,
    policy, purpose, rationale
PRIORITY → emphasis, senior
PROBABLE → hopeful, likely
PROBE → canvassing
PROBLEM → concern, issue
PROBLEM-SOLVING →
    brainstorming
PROCEDURE
PROCEED → action, deal with,
    implementation
PROCEED FROM → depend on
PROCEEDINGS → action
PROCESS → approach,
    procedure, system
PROCURE → provide
PRODUCE → action, output,
    provide, result in
PROFESS → maintain
PROFESSORIAL → academic
PROFILE → high profile, low
    profile
PROFIT → incentive
PROFITABLE → appropriate
PRO FORMA → formal
PROFOUND → comprehensive
PROGRAM → agenda, blueprint,
    design, policy, schedule,
    scheme
PROGRESS → develop
PROGRESS REPORT
PROHIBITIVE → deterrent
PROJECT → design, purpose,
    scheme

PROLIFERATE → develop, increase

PROLONG → extension, increase, maintain

PROMINENT → emphasis, high profile, outstanding

PROMISE → commitment, hopeful, likely

PROMOTE

PROMPT → challenge, -driven, timely, urge

PRONE → likely

PRONOUNCE → say

PRONOUNCED → emphasis

PRONUNCIATION → delivery

PROOF → blueprint, documented

PROOFREADER → editor

PROP → support

PROPEL → -driven, driving force, urge

PROPER → appropriate, equity, full-scale

PROPITIOUS → appropriate, hopeful, timely

PROPONENT → support

PROPORTIONATE → equity

PROPOSE → input, scheme, suggest

PROPULSION → driving force, momentum

PROSECUTION → action, enforcement

PROTAGONIST → leader

PROTECT → advocacy, care, ensure

PROTEST → challenge

PROTOCOL → policy

PROTOTYPE → pattern, type

PROVE → documented

PROVENANCE → account of, background

PROVEN TRACK RECORD → track record

PROVIDE

PROVIDED (THAT) → provide

PROVIDING → provide (provided)

PROVINCE → jurisdiction

PROVISIONAL → ad hoc, tentative

PROVISO (WITH THE ___ THAT) → provide

PROVOKE → challenge, incentive, urge

PROXIMITY → approach

PRUDENCE → care

PUBLIC → community, grass-roots

PUBLIC ACCOUNTABILITY → accountability

PUBLIC AUTHORITIES → authority

PUBLIC DISCUSSION → forum

PUBLIC EXPOSURE → exposure, high profile

PUBLICIZE → advocacy, exposure, promote

PUBLIC POLICY → policy

PUBLIC SERVANT → officers, officials

PUBLISHER → editor

PUGNACIOUS → aggressive

PUISNE → junior

PULL → clout, leverage

PUNCTILIOUS → formal

PUNCTUAL → timely

PURCHASING POWER → leverage

PURPORTED → assumption

PURPOSE

PURPOSE (FOR THE ___ OF) → purpose

PURPOSELESS → meaningful

PURSUE → follow-up, maintain, purpose

PURVEY → provide

PURVIEW → field, scope

PUSH → advocacy, -driven, driving force, momentum, promote, support, urge

PUSHY → aggressive

PUT AN END TO → dispose of

PUT FORWARD → suggest

PUT IN FORCE → enforcement

PUT INTO EFFECT → action, enforcement

PUT INTO WORDS → say

PUT ONE'S FINGER ON → identify

PUT TOGETHER → match, pool

SELF-EMPOWERMENT →
empower, self-help, self-
reliance
SELF-EVIDENT → self-
SELF-EXPLANATORY → self-
evident
SELF-FULFILLMENT → self-
realization
SELF-HELP → self-
SELF-REALIZATION → self-
SELF-RELIANCE → self-
SELF-SUFFICIENCY → self-
SELF-SUPPORT → self-
sufficiency
SELL → dispose of, promote
SEMINAR → forum
SEND → refer to
SEND TO COVENTRY →
ignore
SENIOR
SENIOR OFFICIALS →
officials
SENSELESS → meaningful
SENSIBLE → aware
SENSITIVE
SENTIENT → sensitive
SEPARATE → screening
SEPARATED → arm's length
SEPARATELY → case-by-case
SEQUEL → follow-up, result in
SEQUENCE → pattern,
procedure
SERIOUS → commitment,
major, meaningful
SERVE → provide
SERVICEABLE → appropriate
SET → formal, kit, match,
system
SET GOING → initiate
SET IN MOTION → initiate
SET-OFF → offset, trade-off
SET OUT → identify
SET THE AGENDA → agenda
SETTING → background,
environment
SETTLE → dispose of, finalize,
trade-off
SETTLEMENT → community
SETTLE WITH → deal with
SET-UP → design, format,
system

SEVERE → major
SEW UP → finalize
SEX-DISAGGREGATED →
gender-
SEX DISCRIMINATION →
gender-
SEXIST → gender-
SHADOWY → focus
SHAPE → design, format,
pattern
SHARE → component, equity,
pool
SHARING → joint venture,
partnership
SHARP → major, responsive
SHELL → framework
SHIFT → scheme
SHORE UP → support
SHORTEN → decrease
SHORT SUPPLY (IN ___) →
scarce
SHOW → display, exposure,
reflect, say
SHOWCASE → display
SHOWING UP → emerging
SHOW THE WAY → leader
SHREWDNESS → gumption
SHRINKING → decrease
SHUT ONE'S EYES TO →
ignore
SHUT UP → dispose of
SIDE WITH → support
SIEVE → screening
SIFT → canvassing, screening
SIGN → endorse
SIGNAL → outstanding
SIGNIFICANCE → concern,
emphasis, major, meaningful
SIGNING AUTHORITY →
authority
SILENCE → dispose of
SIMILAR → match
SIMILARLY → addition
SIMPLE → grass-roots, informal
SINCE → account of
SINGLE-MINDEDNESS →
purpose
SINGLE OUT → identify
SINKING → decrease
SITE → background
SITUATION → environment

SITUATION REPORT →
  progress report
SIZE → scope
SKELETON → framework
SKETCH → blueprint, brief,
  design, overview
SKIP → ignore
SLAY → dispose of
SLIGHT → ignore, minor
SLOW DOWN → control,
  decrease
SMALL → minor
SNOWBALL → increase
SOCIETY → community,
  partnership
SOFTEN → affect
SOLEMN → formal
SOLICIT → canvassing, urge
SOLICITUDE → care, concern
SOLIDARITY → community
SOME DAY (TIME) →
  eventually
SOONER OR LATER →
  eventually
SOPHISTICATED
SORT → pattern, screening, type
SOUL → core
SOUND → appropriate
SOURCE → account of,
  background, grass-roots
SPACE → clearance, scope
SPACIOUS → comprehensive
SPAN → scope
SPARE → backup, dispose of
SPEAK → say
SPEAK FOR → promote
SPEAKING → articulate,
  meaningful
SPEAK OF → refer to
SPECIAL → outstanding
SPECIALIST → scholar
SPECIES → type
SPECIFIC → ad hoc
SPECIFY → identify, say
SPECIMEN → pattern, type
SPECTACLE → display
SPECULATIVE → academic,
  tentative
SPEED → momentum, promote
SPHERE → field, jurisdiction,
  scope

SPINOFF → depend on,
  follow-up, result in
SPIRIT → gumption
SPONSOR
SPOT → identify
SPOTLIGHT → high profile
SPREAD → develop, extension,
  increase
SPRING FROM → depend on
SPUNK → gumption
SPUR → driving force,
  incentive, urge
SQUARE UP TO → challenge
STABLE → consistently
STAGE → background, forum,
  level
STAND → display
STANDARD → consistently,
  pattern, type
STANDARDBEARER → leader
STAND BEHIND → support
STAND-IN → backup
STANDING → level
STAND ON → depend on
STANDPOINT → approach,
  basis
STAND UP FOR → support
STAND UP TO → challenge
STAR → high profile
STARCHED → formal
START → initiate
STARTER → front-end
STARTING POINT → basis
STATE → identify, maintain,
  polity, say
STATUS → level
STATUS REPORT → progress
  report
STAUNCH → consistently,
  dedication
STEADFASTNESS →
  commitment, consistently,
  dedication, purpose
STEADY → consistently
STEER → channel, -driven
STEM FROM → account of,
  basis, depend on, result in
STENCIL → pattern
STEP → action, level, procedure
STEP UP → increase, increment
STIFF → formal

T

THRUST → driving force,
    momentum
THUS → account of
TIE UP → finalize
TIME → opportunity
TIME FRAME → schedule
TIMELINESS → opportunity,
    timely
TIMELY
TIMETABLE → blueprint,
    schedule
TIMID → tentative
TIMING → timely
TO BE DECIDED → issue
TO BE EXPECTED → likely
TO ... FROM ... → decrease,
    increase
TOGETHER WITH → addition,
    including
TOIL → exercise
TOO → addition
TOOL → channel, kit, system
TOPIC → issue
TOP OFF → finalize
TOTAL → bottom line,
    comprehensive, full-scale
TOUCH → affect, concern,
    contact, deal with, involve
TOUCH ON → refer to
TOUCHY → sensitive
TOWN MEETING → forum
TRACE → suggest
TRACK → follow-up
TRACK RECORD
TRADE → goodwill
TRADE-OFF
TRADE-OFF
    RELATIONSHIP → trade-
    off
TRADE WITH → deal with
TRADITIONAL → consistently,
    formal
TRAFFIC WITH → deal with
TRAILBLAZER → leader
TRAIN → exercise, develop
TRANSACTION → procedure
TRANSFER → delivery, refer to
TRANSPORTATION → delivery
TRAPPINGS → kit
TREATMENT → care, deal with
TREMENDOUS → outstanding

TREND → pattern
TRIAL → approach, tentative
TRIBUNAL → forum,
    jurisdiction
TRIFLING → meaningful, minor
TRIVIAL → meaningful, minor
TROUBLE → concern
TRUCULENT → aggressive
TRUST → depend on, pool
TUCK IN → dispose of
TURF → constituency
TURN A BLIND EYE TO →
    ignore
TURN ON → depend on
TURN ONE'S BACK ON →
    ignore
TURN OVER → refer to
TURN TO → refer to
TWIN → duplication, match
TWOFOLD → duplication
TYPE
TYPICALLY → consistently
TYPING POOL → pool

U

ULTIMATELY → bottom line,
    eventually
UMBRAGEOUS → sensitive
UMBRELLA → framework
UNACCESSIBLE → available
UNATTAINABLE → available
UNAVAILABLE → available
UNAVOIDABLE → enforcement
UNBECOMING → inappropriate
UNBENDING → formal
UNBIASED → equity
UNCEREMONIOUS → informal
UNCERTAINTY → concern,
    focus, tentative
UNCIRCUMSCRIBED → open-
    ended
UNCLEAR → focus
UNCOLLECTED → outstanding
UNCOMMON → scarce
UNCONFINED → open-ended
UNCONFIRMED → tentative
UNCONSTRAINED → informal
UNCONVENTIONAL →
    informal

Y

Z

ANNEXE

able to
v. *willing and able to*

advice and consent of
v. *by and with the advice and consent of*

all or any of
la totalité ou une partie (quelconque) de; tout ou partie de

any
v. *all or any of*

arisen from
v. *connected to or arisen from*

assess
v. *review, assess and report on*

benefit of
v. *for the use and benefit of*

between and within nations
entre les pays et en leur sein

by and with the advice and consent of
sur l'avis et avec le consentement de

connected to or arisen from
lié ou attribuable à

consent of
v. *by and with the advice and consent of*

for the use and benefit of
à l'usage et au profit (bénéfice) de

from ... to ...
[*aller, varier*] de ... à ...; depuis ... jusqu'à ... (, en passant par); tantôt ..., tantôt ... (?); à l'origine ..., aujourd'hui ... (?)
cf. *from and to; to and from*

from and to
à partir et à destination de
cf. *from ... to ...; into and within; to and from*

if and when ... takes place
lorsque ... a lieu, s'il a lieu

into and within
à destination et au sein de (?)
cf. *from and to; to and from*

lead or take part in
être à la tête ou faire partie de; assumer la direction ou faire partie [*d'une équipe, etc.*]

little or no ...
peu ou point de

monitor and report on
faire enquête et rapport sur (?)

participate in
v. *lead or take part in*

report on
v. *monitor and report on; review, assess and report on*

review, assess and report on
examiner et évaluer, en vue d'en faire rapport

take part in
v. *lead or take part in; support and participate in*

to
> v. *from ... to ...; from and to; to and from*

to and from
> à destination et en provenance de; en direction et en provenance de
> cf. *from ... to ...; from and to; into and within*

unable or unwilling to
> ne pouvoir ni ne vouloir (?)
> cf. *willing and able to*

unwilling
> v. *unable or unwilling to*

use and benefit of
> v. *for the use and benefit of*

when
> v. *if and when ... takes place*

willing and able to
> capable et désireux de
> cf. *unable or unwilling to*

with
> v. *by and with the advice and consent of*

within
> v. *between and within nations; into and within*

The definitive writing and editing tool!

TERMIUM®, *the Government of Canada linguistic data bank*

- **THE** English-French, French-English electronic dictionary!
- The most up-to-date terminology in all subject fields!
- Three million terms and names at your fingertips!
- Contextual information: definitions, contexts, examples of usage, observations.
- A large number of official titles of national and international organizations, acts and programs, abbreviations, geographical names, etc.
- The equivalent of 400 diskettes or 200,000 pages of text!

TERMIUM® enables you to

- communicate precisely and effectively
- save on research time
- find expressions easily by key words

TERMIUM® is a user-friendly

interface running under
Windows • DOS • Macintosh
in standalone and network versions.
- Cut and paste terms from TERMIUM® into your text, as easy as 1-2-3.

Check out our other publications!

Over 80 terminology vocabularies and glossaries
in a wide variety of subject areas:
administration – agriculture – law - economy – environment –
informatics – health – sciences – transport – public works – finance.
These publications contain English and French terminology. A few also
include Spanish.

Free on Internet!

A glossary of 350 Internet terms available on the
TERMIUM® site – http://www.pwgsc.gc.ca/termium

Get your free TERMIUM® demonstration diskette!

Telephone: (819) 997-9727   1-800-TERMIUM (Canada and U.S.)
Fax: (819) 997-1993   E-mail: termium@piper.pwgsc.gc.ca

The Canadian Style is an indispensable language guide for editors, copywriters, students, teachers, lawyers, journalists, secretaries and business people—in fact, anyone writing in the English language in Canada today.

It provides concise, up-to-date answers to a host of questions on abbreviations, hyphenation, spelling, the use of capital letters, punctuation and frequently misused or confused words. It deals with letter, memo and report formats, notes, indexes and bibliographies, and geographical names.

In this revised and expanded edition, new chapters give techniques for writing clearly and concisely, editing documents, and avoiding stereotyping in communications. There is even an appendix on how to present French words in an English text.

Revised and Expanded

The Canadian

Style

A Guide to Writing and Editing

by Dundurn Press Limited in co-operation with
Public Works and Government Services Canada
Translation Bureau

Catalogue Number S2-158/1996E

Canada: $23.95*

** Applicable taxes, freight and handling charges extra*

Le guide du rédacteur s'est imposé au fil des ans comme un outil irremplaçable pour tous ceux qui écrivent en français.

Nouvellement révisé et augmenté, il expose toutes les techniques possibles pour féminiser un texte, les grandes règles de la correspondance, les principes de la langue claire et simple, et les règles détaillées des références bibliographiques, que la source citée soit imprimée, visuelle ou électronique. Un chapitre entier est consacré aux noms géographiques, des noms d'îles aux noms de pays.

Grâce à sa présentation sobre et à son index très détaillé, Le guide du rédacteur est facile à consulter. Ses longues listes d'exemples en font un guide pratique et complet.

Le guide
du rédacteur

Bureau de la traduction

N° de Cat. S53-8/1996F

Canada : 23,95 $*

** Taxes applicables et frais d'expédition et de manutention en sus*

To order The Canadian Style, Le guide du rédacteur or other publications of the Translation Bureau:

Pour commander le Canadian Style, Le guide du rédacteur ou toute autre publication du Bureau de la traduction :

**Canada Communication Group - Publishing
(819) 956-4800**

**Groupe Communication Canada - Édition
(819) 956-4800**